U0462522

国家出版基金项目
NATIONAL PUBLICATION FOUNDATION

『十四五』国家重点图书
国家重大出版工程

中国国家
人文地理

海南

乐东

《中国国家人文地理》编委会 编

中国地图出版社·北京

图书在版编目（CIP）数据

乐东 / 《中国国家人文地理》编委会编 . —— 北京 ：
中国地图出版社 ，2023.9
（中国国家人文地理）
ISBN 978-7-5204-3030-2

Ⅰ . ①乐… Ⅱ . ①中… Ⅲ . ①乐东黎族自治县 - 概况
Ⅳ . ① K926.64

中国国家版本馆 CIP 数据核字 (2023) 第 180087 号

乐东（中国国家人文地理）
LEDONG（ZHONGGUO GUOJIA RENWEN DILI）

出版发行	中国地图出版社			
社　　址	北京市白纸坊西街3号	邮政编码	100054	
电　　话	010-83543926	网　　址	www.sinomaps.com	
印　　刷	北京时尚印佳彩色印刷有限公司	经　　销	新华书店	
成品规格	185mm×250mm	印　　张	13.5	
字　　数	208千字			
版　　次	2023年9月第1版	印　　次	2023年9月第1次印刷	
定　　价	158.00元			

书　　号	ISBN 978-7-5204-3030-2
审 图 号	GS（2020）1031号

如有印装质量问题，请与我社发行部联系

G

中国国家
人文地理

《中国国家人文地理》编辑委员会

总 顾 问：**孙家正**　第十一届全国政协副主席

顾　　问：**吴良镛**　中国科学院院士、中国工程院院士

　　　　　柳斌杰　第十二届全国人大教科文卫委员会主任委员

　　　　　王家耀　中国工程院院士

　　　　　陆大道　中国科学院院士

　　　　　单霁翔　故宫博物院原院长

　　　　　潘公凯　中央美术学院教授、著名艺术家

　　　　　唐晓峰　北京大学教授

主　　任：**王广华**　自然资源部部长

副 主 任：**王春峰**　自然资源部原党组成员

　　　　　范恒山　国家发展改革委原副秘书长

执行主任：**王宝民**　中国地图出版集团董事长

　　　　　温宗勇　北京城市学院副校长

委　　员（**按姓氏笔画排序**）：

　　　　　吕敬人　清华大学教授

　　　　　华林甫　中国人民大学教授

　　　　　李永春　自然资源部地理信息管理司司长

　　　　　李瑞英　中央广播电视总台电视播音指导

　　　　　宋超智　中国测绘学会理事长

　　　　　张拥军　中央网信办网络综合治理局局长

　　　　　陈胜利　文化和旅游部中国数字文化集团总编辑

　　　　　陈洪宛　国家发展改革委财政金融和信用建设司司长

　　　　　陈德彧　民政部区划地名司副司长

　　　　　武文忠　自然资源部总规划师

　　　　　武廷海　清华大学教授

　　　　　周尚意　北京师范大学教授

　　　　　凌　江　生态环境部综合司督察专员

　　　　　黄贤金　南京大学教授

　　　　　鲁西奇　复旦大学教授

《中国国家人文地理》海南省编纂指导委员会

主　　任：王　斌　海南省委常委、宣传部部长

副 主 任：张　军　海南省委宣传部常务副部长

蒋建民　海南省委宣传部副部长

梅国云　海南省作家协会主席

委　　员（按姓氏笔画排序）：

王　军　　王冬梅　　王敏英　　王献军　　孔　见

刘　逸　　杨　武　　陈　良　　林广臻　　赵　牧

施祖送　　秦武军　　符秀容　　蒙乐生　　詹贤武

蔡　葩

《中国国家人文地理·乐东》编辑委员会

主　　任：孙世文　乐东黎族自治县委书记

黄文聪　乐东黎族自治县委副书记、县长

副 主 任：陈广军　乐东黎族自治县委常委、宣传部部长

钟树婷　乐东黎族自治县副县长

委　　员（按姓氏笔画排序）：

方志雄　　邢福特　　孙体雄　　孙贻良　　杨生平

吴　君　　何泽毅　　陈品充　　林宏芳　　郭义中

黄　华　　符　天　　梁小明　　蔡亲敬

《中国国家人文地理》编辑部

主　　任：陈　平　徐根才

执行主任：陈　宇　卜庆华

编　　辑：方　芳　赵　迪　苏文师　张　娴

　　　　　高红玉　周秀芳　周怡君　孙　竹

　　　　　张宏年　董　明　甄艺津

《中国国家人文地理》战略合作：

　　　　北京市测绘设计研究院

《中国国家人文地理·乐东》编辑部

主　　任：梁小明

副主任：符　天　邢福特

编　　撰：郭义中

成　　员：黄　华　吴浩兰　吉训言

目 录

总　序

《周易》曰："观乎人文，以化成天下""仰以观于天文，俯以察于地理，是故知幽明之故"。察地理、观人文，体现的是中华民族对自然环境和社会人文的关注，是道法自然与教化天下的情怀。

中华民族有 5000 多年连绵不断的文明史，而承载中国历史文化的地理空间是广袤复杂的。在一个辽阔的地域上，由于地理环境、人群构成、社会历史发展进程的不同，自然、经济、人文、社会等诸方面存在着明显的地域差异，也孕育了不同特质、各具特色的地域景观。

中国是一个统一的多民族国家，中华文化是丰富多彩又浑然一体的文化。一方水土养一方人，一方水土孕育一方文化，一方文化影响一方经济、造就一方社会。不同个性特质、各具鲜明特色的地域文化，不仅是源远流长的中华文化的有机组成部分，也是中华民族的宝贵财富。地域文化的发展既是地域经济社会发展不可忽视的重要组成部分，又是地方经济社会发展的窗口和品牌，已成为增强地域经济竞争能力和推动社会快速发展的重要力量。

这套《中国国家人文地理》丛书，以地级行政区域为地理单位，从时间和空间两个维度，以历史为线索，以地理为载体，权威、立体、详细地展现地域的历史文化、人文资源、地理国情、生态环境以及经济社会发展，并归纳提炼出特色地域文化，打造城市名片，可以称得上是一部区域的"百科全书"，对提升城市软实力，扩大对外影响力，助推地方经济和社会发展具有重要意义。其实，这套丛书的意义远远超出地理区域，它展示和讲述的虽然只是一个个具体的局部，但它为人们提供了一个个不同的视角、一个个不同的出发地，让人们多角度地去认识一个多元一体化的伟大国度，从而生动具体地领略它的包容博大、多姿多彩、生机勃勃。正因为如此，这套丛书绝非地域推介的集成，而是一套从个性出发，了解我们国家全貌、民族完整历史的教科书。丛书将文字、图片、地图、信息图表相融合的设计，为传统的图书注入了新的视觉体验，以雅俗共赏的方式将中华文化和各地人文地理的精华呈现给社会大众，为读者带来了一份精彩的文化大餐。

这套丛书从策划到执行，都得到了中央、国家有关部委和地方各级政府的大力支持，并已列入"十三五""十四五"时期国家重点出版物出版专项规划和国家重大出版工程，这体现了国家对它的认可和重视。丛书的出版，必将充分发挥出版记录历史、传承文明、宣传真理、普及科学、资政育人的功能，为弘扬中华优秀传统文化，增强中华文化软实力，扩大中华文化影响力，建设社会主义文化强国作出重要贡献，并为中华文化走出去提供助力。

编撰《中国国家人文地理》丛书是新时代文化领域的一件大事。因此，我欣然为这套丛书作序，并相信全国将会有更多的城市陆续参与到这一大型图书工程中来，共同讲好中国故事，传播好中国声音，凝聚中国力量，建设美丽中国，为中华文化增色添彩。

第十一届全国政协副主席

序

　　乐东黎族自治县隶属海南省，位于海南岛西南部，枕山襟海，山川灵秀，物华天宝，历史悠久，文化灿烂。乐东东南与著名旅游胜地三亚市毗邻，境内自然景观独特，地形地貌多样，著名景点有尖峰岭国家森林公园、毛公山、佳西岭、莺歌海和龙沐湾等。优美的自然景观与悠久的历史文化、浓郁的民族风情交相辉映，具有较高的文化旅游价值。

　　青山东望，此间民风淳厚；白水西瞻，斯地钟灵毓秀。天然温室、热作宝地、绿色宝库、旅游胜地——温润的水土滋养着乐东；腰果之乡、香蕉之乡、蜜瓜之乡、海盐之乡——丰饶的物产抚育着乐东；花灯之乡、剪纸之乡、织锦之乡、文化名镇——多彩的文化浸润着乐东；平安乐东、法治乐东、长寿乐东、和谐乐东——时代的机遇眷顾着乐东。乐东之乐，乐在山海；乐东之美，美在四方。

　　在漫长的历史长河中，乐东先民在这片热土上繁衍生息，历经2000多年的融合发展，形成了以崖州文化、黎族文化等为主的乐东文化。崖州民歌、黎族民谣等许多产生于乐东的文化，经受了历史的洗礼，是多彩乐东文化的见证，是海南文化宝库中不可或缺的珍品。乐东文化地域特色鲜明，底蕴深厚，这是历史留给乐东人民的巨大财富，也使乐东这片神奇的土地充满了无穷的魅力。

　　尽管海南历代史志极少记载乐东史实，但"朱庐执刲"银印等乐东文物以及一些遗址本身就隐含着历代创制和社会变革的信息。正是这些嵌在乐东文物及遗迹里的信息，为我们提供了乐东历史文明的证据，同时证明，乐东文明史是一段比想象更辉煌的历史。

斗转星移，时代变迁，改革开放的号角吹响后，乐东各族人民同心同德，艰苦奋斗，改旧貌换新颜，建文明树新风，政通人和，百业俱兴。如今的乐东，更是千帆竞发，城乡经济腾飞，社会和谐稳定，人民安居乐业。乐东各族人民用自己的智慧与勤劳创造了一个宜居、宜业、宜游、宜养的美好家园。

作为海南农业大县，在海南自由贸易港（以下简称"自贸港"）建设加快推进的背景下，乐东紧扣"热带特色高效农业试验区"的定位，发展智慧农业、绿色农业、创意农业，全力推进热带特色高效农业试验区、山海互动文旅融合聚集区、高水平生态文明示范区"三区"建设。实施农业品牌培育工程，全面加强农产品质量安全监管，引进热带新奇特水果品种，做大做强蜜瓜、杧果、香蕉、火龙果、毛豆、金钱树等特色农业品牌，让乐东瓜菜果蔬更有影响力。实施产业层级提升工程，支持发展农副产品精深加工和冷链物流，推动渔业转型升级往岸上走、往深海走、往休闲渔业走，促进农业与二、三产业深度融合发展。实施南繁融合发展工程，大力推进南繁科研成果就地转化，完善南繁科研育种基地（抱孔洋）新建核心区配套服务区功能，加快培育以育苗生产加工、仓储运输等为主的现代化种子种苗产业链。

乐东将积极推动旅游业和现代服务业实现大突破，紧扣"山海互动文旅融合聚集区"的定位，深挖龙沐湾、龙腾湾、龙栖湾、尖峰岭、佳西岭及昌化江等自然资源的潜力，以及黎族、苗族民族文化等人文资源的潜力，对标国际标准，升级旅游业态，构建具有乐东特色的多元化农文旅融合产品体系。实施文旅基础设施建设大会战，完善旅游驿站等配套服务设施，推进尖峰岭、毛公山等 A 级景区提档升级。推进尖峰岭雨林养生基地建设，发展基于气候优势的医疗康养产业。

乐东将践行"绿水青山就是金山银山"的发展理念，实行最严格的生态环境保护制度，健全生态保护和修复制度，建立完善生态环境质量巩固提升机制，建立健全生态环境和资源保护现代监管体系，建设高水平生态文明示范区。

《中国国家人文地理·乐东》全面系统地反映了乐东的地理国情、人文历史、生态环境、民俗风情、城市风貌以及发展成就，图文并茂，资料翔实，将成为乐东又一张鲜活的城市名片，也是一本乐东县情教育的好教材。《中国国家人文地理·乐东》一书，将把乐东更好地推介给全国和世界，让更多的人了解乐东，走进乐东，爱上乐东。

本书的出版，就是乐东向全世界发出的最诚挚的邀请！

《中国国家人文地理·乐东》编辑委员会

2022 年 9 月

乐东名片

尖峰入云

尖峰岭国家森林公园是我国现存面积最大、保存最好的热带原始森林区，也是海南热带雨林国家公园的主要核心保护区，素有「热带北缘生物物种基因库」「生物物种银行」之称。主峰古称「小黎䀚山」，远远望去，山峰像尖刀一样直插云端，巍峨矗立，云雾缭绕，堪称奇观。

一山多娇

毛公山，原名保国山，因其山形酷似安卧的毛泽东主席形象而闻名于世。毛公山雄伟壮观，周围的保国农场、宝塔村、东方红苗寨、解放村、抗美村等地名都体现出强烈的时代色彩，是一处罕见的自然人文景观。

热作宝地

乐东黎族自治县地处北纬十八度，属于「大三亚」旅游经济圈，素有「热作宝地」「天然温室」「绿色宝库」等美称。全年平均气温为二十四摄氏度，光照充足。年平均降水量为一千六百毫米，雨量充沛。土地肥沃，适宜发展粮食、瓜果、蔬菜、花卉等种植业。

莺歌银辉

莺歌海是中国观赏最壮观海上落日、最美晚霞的地点之一。莺歌海盐场在中国华南地区首屈一指，海水波美度达到三点五度。明媚的阳光下，盐海渠道纵横，井然有序，银光闪闪，一望无垠，气象万千。

「三区」产业联动的
自贸港先行区

在自贸港建设加快推进的背景下，乐东黎族自治县抢抓机遇，找准定位，全力推进热带特色高效农业试验区、山海互动文旅融合聚集区、高水平生态文明示范区「三区」建设和联动发展，推动农业提质增效，推进山海互动文旅融合，着力构建现代产业体系，吸引大企业入驻，大项目落地，全面践行「绿水青山就是金山银山」的理念，推动经济社会高质量发展。

乐东在海南岛的位置示意图　　　　**海南省在中国的位置示意图**

乐东概况

地理位置
行政区划
地形地貌
气候
人口民族
教育
经济
资源环境
交通
自贸港定位

乐东黎族自治县面积 2766 平方千米

地理位置

　　乐东黎族自治县位于海南岛西南部，陆地面积为 2766 平方千米。其地理坐标为东经 108°39′～109°24′、北纬 18°56′～18°58′。乐东东连保亭黎族苗族自治县和五指山市，南濒南海，东南毗邻三亚市，西至北部湾，北与白沙黎族自治县、昌江黎族自治县、东方市接壤。

行政区划

　　乐东黎族自治县辖抱由镇、万冲镇、大安镇、志仲镇、千家镇、九所镇、利国镇、黄流镇、佛罗镇、尖峰镇、莺歌海镇等 11 个镇。自治县人民政府驻抱由镇。

地形地貌

　　乐东黎族自治县地势总体北高南低，有山地、丘陵、丘陵盆地、滨海平原四种主要地形。境内东、北、西三面环山，海拔 1000 米以上的山峰重峦叠嶂，最高峰为北部的猕猴岭，海拔 1654 米；西南部为海拔 50 米以下的滨海平原和台地；中部为昌化江丘陵盆地。

乐东黎族自治县示意图

乐东黎族自治县地形地貌示意图

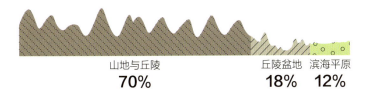

山地与丘陵	丘陵盆地	滨海平原
70%	**18%**	**12%**

气候

乐东 气候特点

光热充足

干湿分明

降水不均

时有干旱

乐东黎族自治县属热带季风气候，光照充足，热量丰富，山区冬季偶见短暂寒潮，农作物一年可三熟。大部分地区降水充沛，但一年中降水量分布不平衡，干湿分明；沿海平原降水量相对偏少，且不均衡；冬春季节时有干旱，1—3月和10—12月干旱问题尤其突出。

年平均气温
24℃

年平均降水量
1600 毫米

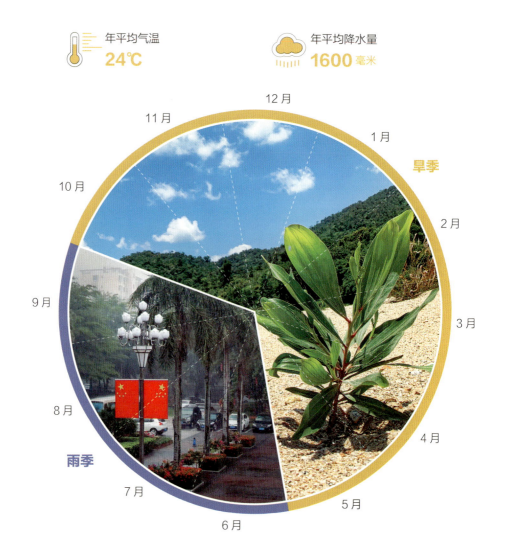

12月

11月

1月

10月

旱季

2月

9月

3月

8月

4月

雨季

7月

5月

6月

人口民族

截至 2020 年年末，乐东黎族自治县户籍人口为 549637 人，比 2019 年增加 6105 人。其中汉族人口 336857 人，占总人口的 61.3%；少数民族人口 212780 人，占总人口的 38.7%。在少数民族人口中，黎族人口为 207103 人，占少数民族人口的 97.3%，占总人口的 37.7%。

39.21%
乐东常住人口城镇化率

团结奋斗的乐东各族人民

教育

优质教育

得益于教育的兴盛，乐东黎族自治县人文荟萃，人才辈出。乐东秉承"让每一个孩子都享有公平均等优质教育"的宗旨，坚决贯彻实施"科教兴县""人才强县"战略，科学谋划，稳妥推进教育改革，多渠道调动社会各方面力量支持教育事业，义务教育均衡发展，成绩卓著。乐东县黄流中学 1991 年被教育部列入"中国名校"。

乐东县黄流中学

经济

乐东黎族自治县是农业大县，种植业、养殖业是农民重要的收入来源。近年来，乐东加快推进农业供给侧结构性改革，全县农产品供给能力稳步提升，农业生产结构不断优化，形成了冬季瓜菜、热带水果、南繁制种、天然橡胶"四大支柱"产业，被评为海南省首个"国家现代农业示范区"。当前，乐东农业正在以"三品"（品种培优、品质提升、品牌打造）为总抓手，着力打造热带特色高效农业"王牌"。

151.1 亿元
乐东 2020 年 GDP

30837 元
乐东 2020 年人均 GDP
（按年平均常住人口计算）

乐东 2020 年三次产业增加值结构比例

第二产业增加值
18.8 亿元
占比 12.4%

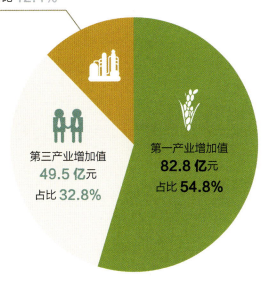

第三产业增加值
49.5 亿元
占比 32.8%

第一产业增加值
82.8 亿元
占比 **54.8%**

"四大支柱"产业

冬季瓜菜　　热带水果

南繁制种　　天然橡胶

乐东 2020 年完成固定资产投资

比上年增长
50.6%

蜜瓜

近年来，乐东黎族自治县蜜瓜产业发展迅猛，已成为全国冬季蜜瓜种植重镇。2020 年冬至 2021 年春，全县蜜瓜种植面积近 20 万亩（含复种）。冬春季节，乐东蜜瓜占全国市场份额达 80%。乐东除了有蜜瓜、香蕉、杧果、菠萝种植等全国叫得响的特色产业外，又涌现出一批在全国有重要影响力的特色农业产业。目前，乐东金钱树种植面积

已达 2 万亩，成为亚洲最大的金钱树种植基地，产品出口日本、韩国等国家；毛豆种植面积约 8 万亩，占全国冬春市场 70% 的份额，年产值超过 6 亿元；乐东火龙果种植面积近 6 万亩，成为海南省最大的火龙果生产基地，产品销往西班牙、加拿大等国家。2020 年 4 月中旬到 5 月初，乐东日均出岛农产品 500 多车，占海南省日出岛农产品总量的近 30%。

火龙果

金菠萝万钟基地

资源环境

土地资源

　　乐东黎族自治县可利用土地面积 431.09 万亩，其中耕地面积 44.72 万亩。宜胶地集中分布于丘陵盆地，耕地集中分布于平原地区，森林、草原集中分布于丘陵山地。

水旱两用地
26.73 万亩

旱地 **17.99 万**亩

耕地面积
44.72 万亩

乐东可利用土地面积

宜农地
95.36 万亩

宜胶地
69.11 万亩

宜热作地
16.86 万亩

宜林地
179.33 万亩

宜热地
30.29 万亩

水面
16.86 万亩

其他
23.28 万亩

水文资源

　　乐东境内的主要河流有昌化江（其支流为乐中河、大安河、南巴河）和望楼河两条。此外，乐东还有白沙河、抱套河、丹村港等中小河流。

昌化江流域面积（乐东境内）：
1333 平方千米
占乐东陆地面积的 **48.2%**

望楼河流域面积：
827 平方千米
占乐东陆地面积的 **29.9%**

动物资源

乐东黎族自治县有丰富的动物资源，包括鱼类、虾
类、贝类、兽类、禽类、蛇类、虫类等。

鱼类

海鱼主要有红鳍笛鲷（红鱼）、石斑、真鲷（红笠）、海鲇（赤鱼）、海鳗（麻鱼）、宝刀鱼（西刀）等
淡水鱼主要有草鱼、泥鳅、鲫鱼、罗非鱼、福寿鱼、淡水白鲳等

虾类

主要有日本对虾、明虾、九节虾、龙虾、梅虾、河虾等

贝类

主要有白蝶贝、马氏珍珠贝、近海牡蛎、翡翠贻贝、泥蚶、田螺、福寿螺、河蚌等

兽类

主要有海南坡鹿、海南黑冠长臂猿、猕猴（恒河猴）、海南水鹿、海南云豹、黑熊、狐狸、山猪、黄猄等

禽类

主要有孔雀雉、山鸡、鹧鸪、野鸭、鹌鹑、斑鸠等

蛇类

主要有蟒蛇、眼镜蛇、五步蛇、金环蛇、银环蛇、灰鼠蛇、青蛇等

虫类

主要有蜈蚣、蝎子、蜘蛛、山蜂、螟虫、青虫、金龟子、瓢虫、蜻蜓、螳螂等

其他

有蜡皮蜥（山马）、密点麻蜥（四脚蛇）、墨鱼、鱿鱼、蝙蝠、壁虎、青蛙、蚯蚓、蟾蜍、蚂蟥、蜗牛等

植物资源

中药材

乐东黎族自治县花、草、灌木品种繁多，药用植物资源丰富。乐东有乔木和木质藤本植物 150 多种，数量繁多。尖峰岭拥有维管植物 2258 种，脊椎动物 371 种，昆虫已鉴定的有 2222 种，特别是蝴蝶多达 449 种，是世界上生物多样性较为丰富的地区之一，被誉为"热带北缘生物物种基因库"。据不完全统计，乐东药用植物有数百种，其中国家收购的中药材有 45 种，属 600 米以上山地野生的药材有巴戟、沉香、益智、海南砂仁、杜仲藤、灵芝菇、海南粗榧等；属丘陵坡地生长的药材有木棉花、青天葵、草决明等；属海边生长的药材有万京子、香附子、天冬、谷精子等。

花：兰花、仙人掌、吊灯花、九里香、菊花、莲花等

草：白茅、五节芒、竹节草、蜈蚣草、蟋蟀草、牛筋草、猫尾草、飞机草、红白藤等

灌木：黄花稔、假木豆、羊角树、鹊肾树、破布树、刺轴棕、叶被木、刺葵、赤才、毛果扁担杆、红海兰等

矿藏资源

矿产资源

乐东黎族自治县陆域矿产资源有金、银、铅、锌、铜、钼、钨、镉、锆英石、钛铁矿、石墨、云母、水晶、饰面用花岗岩、矿泉水、热矿水等 16 种；海域矿产资源主要为分布于莺歌海盆地的石油和天然气，其中石油资源蕴藏量约 27 亿吨，天然气资源蕴藏量约 2.3 万亿立方米。

尖峰岭上有千年树龄的空心通天树

云上琼乐高速

交通

交通便利

　　乐东黎族自治县境内有铁路、高速公路（环岛西线）贯通，靠近三亚港、八所港和三亚凤凰国际机场，西环高铁和中线高速过境，陆运航运便利。

莺歌海港区

乐东黎族自治县沿海地区有四个港口，即岭头港、莺歌海港、望楼港、龙栖湾港；山区有昌化江流经万冲镇地区所形成的河流渡口，即万冲镇的友谊渡口。

港口渡口

路之花（琼乐高速）

自贸港定位

聚焦自贸港建设

聚焦自由贸易港（以下简称"自贸港"）建设，乐东黎族自治县找准定位，抢抓机遇，明确热带特色高效农业试验区、山海互动文旅融合聚集区、高水平生态文明示范区"三区"建设目标，为乐东经济社会高质量发展指明方向。

为抢抓自贸港建设机遇，乐东积极谋划建设四个特色经济园区，即立足中兴生态智慧总部基地，发展生态绿

色制造业，谋划高新技术产业园区；鼓励和吸引南繁科技产业集聚，谋划大岭生态绿色产业园区；依托莺歌海可靠泊7万吨级货船码头，加快推动口岸开放，谋划莺歌海临港产业园区；依托乐东丰富的特色农产品资源，推动农产品深加工产业发展，加快建设千家农产品加工园区。乐东致力于加快特色经济园区建设谋划，构建乐东现代产业体系，持续培育乐东发展新动能，为自贸港建设贡献乐东力量。

特色经济园区

九所新区

历史钩沉

历史概况
古物遗存
宗祠书院

乐东历史沿革图

先秦 ◆ 南交之地，扬越南裔   **秦** ◆ 象郡外徼

汉
◆ 西汉元封元年（公元前110年），设珠崖、儋耳郡。乐东地属珠崖郡临振县
◆ 西汉始元五年（公元前82年），取消儋耳郡，并入珠崖郡
◆ 西汉初元三年（公元前46年），罢珠崖郡，置朱庐县，属合浦郡，督于交州
◆ 东汉建武十九年（公元43年），省朱庐县，复置珠崖县，属合浦郡，督于交州

三国 ◆ 吴赤乌五年（242年），复置珠崖郡，
属交州，后改属广州

晋 ◆ 太康元年（280年），省珠崖郡，并入合浦郡，属交州

南北朝
◆ 南朝宋元嘉八年（431年），复立珠崖郡，随即省
入合浦，属越州
◆ 南朝梁在汉废儋耳郡地设置崖州，属广州统领

隋
◆ 大业三年（607年），置延德县，
珠崖郡管辖，属扬州司，隶刺史
制；大业六年（610年），析西南
区置临振郡，领县五。延德、宁远
隶属之

唐
◆ 武德五年（622年），改临振郡为振州，增置临川县，领宁远、
延德、临川、陵水四县
◆ 贞观二年（628年），析延德县，置吉阳县
◆ 天宝元年（742年），改振州为延德郡，增置落屯县
◆ 至德元年（756年），改延德郡为宁远郡
◆ 乾元元年（758年），复置延德县，隶属振州
◆ 咸通三年（862年），属岭南西道

五代十国 ◆ 南汉时承袭唐制，振州省
延德、临川、落屯三县，
宁远、吉阳二县

宋

- 北宋开宝五年（972年），改振州为崖州，隶属琼州
- 北宋至道三年（997年），属广南西道
- 北宋熙宁六年（1073年），降崖州为朱崖军，废吉阳县为藤桥镇，宁远县为临川镇
- 北宋崇宁五年（1106年），复置延德县，属朱崖军
- 北宋大观元年（1107年），改延德县为延德军，分置通远县，为军治
- 北宋政和元年（1111年），废延德军入感恩县，废通远县为镇，隶朱崖军；政和六年（1116年），设置延德砦，又以通远镇为砦，次年改朱崖军为吉阳军
- 南宋绍兴六年（1136年），废吉阳军为宁远县；绍兴十三年（1143年），复吉阳军，统辖宁远、吉阳二县

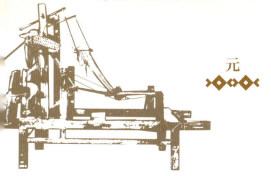

元

- 至元十五年（1278年），仍按宋制为吉阳军，属琼州路，隶湖广行中书省
- 至正年间（1341—1368年），废吉阳县，吉阳军仅辖宁远一县。改隶海北海南道宣慰司，属广西行中书省

明

- 洪武元年（1368年），改吉阳军为崖州，管辖宁远一县，属琼州府，隶广西；洪武三年（1370年），改隶广东
- 正统四年（1439年），宁远县入崖，次年割感恩县归崖州统辖

清

- 光绪三十一年（1905年），升崖州为直隶州，领万宁、陵水、昌化、感恩等县

民国

- 1912年，废崖州直隶州，原所隶四县归琼崖道直接管辖，崖州改为崖县
- 1935年，5月始建乐安县，9月改称"乐东县"，均隶属广东省第九区行政督察专员公署
- 1948年6月，乐东县人民政府成立，隶属琼崖民主政府

中华人民共和国

- 1949年，隶属琼崖少数民族自治区行政委员会
- 1952年，隶属海南黎族苗族自治区（专署级）
- 1955年，隶属海南黎族苗族自治州
- 1987年11月，乐东黎族自治县设立，隶属海南行政区
- 1988年4月，海南建省，乐东黎族自治县隶属海南省

注：乐东黎族自治县境域大部分属原崖县（今三亚市），而崖县名称沿革为临振、宁远、振州、延德、吉阳、崖州、崖县等。沿革中涉及的上述古地名都与乐东有关

历史概况

　　乐东历史悠久，源远流长。在 3000 多年前的殷周之际，黎族的先民就在乐东这片土地上居住，过着原始母系氏族公社的生活。当时人们居住在靠近河流的山冈和台地上，使用石斧、石锛、石铲等工具，从事原始锄耕农业和狩猎、捕鱼等生产劳动。乐东出土的陶片数量多、器型多样，足见当时人们制造陶器的手工艺之发达。其中石制、陶制纺轮的出土，说明当时的人们已经掌握原始纺织技术。

　　汉武帝年间，南越国作乱，汉武帝遂派伏波将军路博德率兵征讨。平定南越叛乱后，西汉元封元年（公元前 110 年），汉朝在海南岛上设立了儋耳郡和珠崖郡。这标志着海南岛被正式纳入汉朝版图。西汉初元三年（公元前 46 年），汉朝在此设置朱庐县，属合浦郡。

　　隋大业三年（607 年），隋朝在今乐东黎族自治县境内设置延德县，属珠崖郡管辖，治所在今乐东西南的白沙河北岸。唐天宝元年（742 年），改振州为延德郡。五代南汉时废。北宋崇宁五年（1106 年），复置延德县，属朱崖军管辖。大观元年（1107 年），改延德县为延德军。

石制纺轮

陶制纺轮

汉代官印：伏波将军章

南宋咸淳六年至八年（1270年至1272年），感恩县至吉阳军（今三亚、东方和乐东）一带战乱频仍，军事活动频繁，马成旺、马抚机父子率军在此地守护南疆。咸淳十年（1274年），吉阳军人陈明甫作乱，马抚机再次率军前来平乱。

明万历四十四年（1616年），朝廷在抱由峒瑞仙芝山营建乐安城，并屯兵戍守。今乐东境内的九所和十所曾是明代崖州守御千户所的九百户所和十百户所。清康熙二十八年（1689年），在抱由峒设立崖州乐安城军事据点。

1935年5月始建乐安县，因乐安县与江西省乐安县同名，9月改乐安县为乐东县。1948年6月，乐东县人民政府成立，此后几经变革。1987年11月，乐东黎族自治县设立，隶属海南行政区。此名一直沿用至今。1988年4月，海南建省，乐东黎族自治县自此隶属海南省。

古物遗存

琼归西汉的物证："朱庐执刲"银印

汉武帝元鼎六年（公元前111年），伏波将军路博德平南越，自合浦、徐闻入海，得大洲（海南岛），翌年平定海南，设立了乐罗县。乐罗至今已有2000多年的历史，是汉代海南岛内的十六县之一。

汉废县遗址位于今乐罗村西南，这个历史悠久的汉县治故地，现在是一个有着3万多人口的大村。村子从东至西、自南向北距离相等，形似筺箩，风貌独特。遗址四周是开阔的耕地，南边3千米处是罗马港，水陆交通便利。

1984年，乐东县文化工作者在乐东山区进行文物调查时，发现了一枚印章。经我国著名文物鉴定专家史树青研究员鉴定，这枚印章为西汉前中期物品，是国宝级文物，具有较高的历史文化艺术价值。这枚印章的发现，为我国研究西汉爵制、印制及朱庐县的始置提供了依据。这枚印章材质以银为主，形制特别，印纽呈蛇形，印面阴刻篆文"朱庐执刲"四字，笔画圆劲流畅，篆法谨严凝重。印纽蛇身弯曲，中部拱起为穿，头部作兽形，周身刻鳞纹，尾鳍回摆，形态生动。此种纽式为汉印中仅见。"执圭"即《史记》等文献所载的"执珪（圭）"。《史记·楚世家》中记载："（陈轸）即往见昭阳军中，曰：'愿闻楚国之法，破军杀将者何以贵之？'昭阳曰：'其官为上柱国，封上爵执珪。'"由此可知，执珪是楚国的高级军功爵名，汉初沿袭以封功臣。汉元帝初元三年（公元前46年），汉朝在海南岛设置朱庐县。"朱庐执圭"银印是海南岛出土文物中最重要的国宝级文物，其最初持有者为朱庐县守官。这枚印章也成为海南岛早在2000多年前就归属西汉中央政权管理的物证。

"朱庐执圭"银印

"朱庐执圭"银印俯视图

印面阴刻篆文"朱庐执圭"四字

玛瑙珠：隋废县遗址出土的西汉饰物

延德隋废县遗址位于白沙河北岸，该地行政建置屡有变化：汉朝为临振县地；隋朝设置延德县；南汉废；北宋崇宁五年（1106 年）又恢复设置，大观元年（1107 年）改延德县为延德军，政和元年（1111 年）废，西北部并入感恩县（今东方市），东南部并入崖州。

该地自北宋政和年后逐渐荒芜，变为废墟。前些年从该遗址发掘出一陶罐玛瑙珠，以及陶片、古砖、瓦片等文物。陶罐中的玛瑙珠重约 5 千克，后部分散失，其余收藏于白沙河谷博物馆和乐东县文化馆。藏于白沙河谷博物馆的 4 串玛瑙珠串，皆为清洗后重穿，每串约有 120 枚玛瑙珠；藏于乐东县文化馆的玛瑙珠有 4 枚。这些玛瑙珠制作较为粗糙，且有长期佩戴磨损的痕迹。1995 年 11 月 18 日，经史树青研究员鉴定，这些玛瑙珠均为西汉时期的饰物。

这些玛瑙珠为西汉时期饰物，出土后经清洗重穿为串，现藏于白沙河谷博物馆

"大元军马下营"石刻：历史印痕

"大元军马下营"石刻位于乐东尖峰岭西南山麓南崖公路旁，是乐东现保存较好的遗址之一。该石刻系元代海北海南道宣慰使都元帅陈仲达之子陈谦亨在至元三十一年（1294 年）正月镇压起义后为昭示其威德而刻。因当时树木茂密无法前进，部队就地宿营。陈谦亨在下令撤兵前，从一块巨石上飞身上马，弯弓搭箭向尖峰岭主峰方向射了一箭，以示其威。他下马后在这块巨石上写下"大元军马下营"六个大字，之后又命令兵匠刻下此六字，以及四个马蹄印和他飞身上马时的两个脚印。此即"大元军马下营"石刻的由来。

"大元军马下营"石刻

位于佛罗社区中街的度量衡碑

度量衡碑：统一地区度量衡

度量衡碑位于佛罗镇佛罗社区中街，立于清嘉庆十四年（1809 年）七月二十二日。碑文强调了统一度量衡的重要性以及必要性："买卖为封殖之事，升秤实交易之准，日用所须，岂容轻重。延因居民四散，计较无人，以致市侩奸商，影时弊混，畸重畸轻。"指出"早晚出入，毫无定准"的时弊，强调"至于农器、铁器，为国家之要务，亦为农民所必须，比常大关铁来时，价任其高低，斤秤照足司马"。碑文统一了佛罗地区的度量衡，确立了完整的度量衡单位："斗以二十两为一升，秤以十六两为斛，各照时值，定价公平，交易不得畸重畸轻，任意低昂。"碑文还说明了对违背者的惩治措施："倘有无法商民，混淆重轻，出入不公者，议绅约等，立即指名，禀起本县，以凭查案，按律究治。"

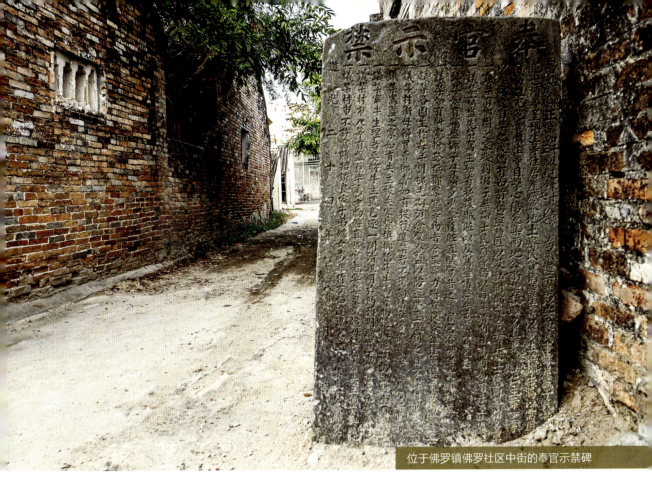
位于佛罗镇佛罗社区中街的奉官示禁碑

奉官示禁碑：教化民众

奉官示禁碑位于佛罗镇佛罗社区中街，立于清道光二十四年（1844年）八月。奉官示禁碑与度量衡碑同位于佛罗社区中街，分立于该街一条小巷巷口的两侧。

由于当时盗窃、赌博之风盛行，"盗贼蜂起，窝主日炽，或三五夜盗，或果党明抢"，崖州、感恩县遂根据乡绅呈示，特制定各种律条刑罚，并在佛罗中街分界处合立示禁碑，将各种律条刑罚一一刻碑示禁。碑文公示了11条禁令，涉及收割槟榔、盗窃椰子、买卖椰青、宰牛、窝赌等方面，称："自禁之后倘有如前，窃盗窝匪，以及私开椰炕等弊，准该士民商等，指名禀究。以凭按律严罚，各宜凛遵毋违。"

宗祠书院

黄流宗祠书院

黄流陈氏大宗祠位于黄流镇黄流村正中南坊，坐北朝南，为四进厅式建筑，抬梁式、穿斗式混合构架，始建于清雍正元年（1723年），竣工于雍正九年（1731年）。陈氏大宗祠为中轴式均衡对称的建筑群，依序为祠门楼、前院、前堂、内院、八角亭、正堂，内院两侧各有三间厢房。祠门楼由有三个厅的门楼和左右两间平房组成，祠门楼正门上方有"陈氏大宗"四个楷书大字，字体洒脱俊逸，十分醒目。在宗祠建筑的柱、梁架、斗拱、屏门、神龛、花罩、雀替木构件中，图案无处不在，一般以花鸟、龙凤、人物、砚墨、笔、书卷等为代表。陈氏大宗祠造型古朴典雅，结构坚固，经久耐用，内部雕刻精细，打磨光滑，独具浓郁的崖州韵味。陈氏大宗祠建筑格局讲究，结构精致，为乐东同类建筑

陈氏大宗祠
议事亭牌匾

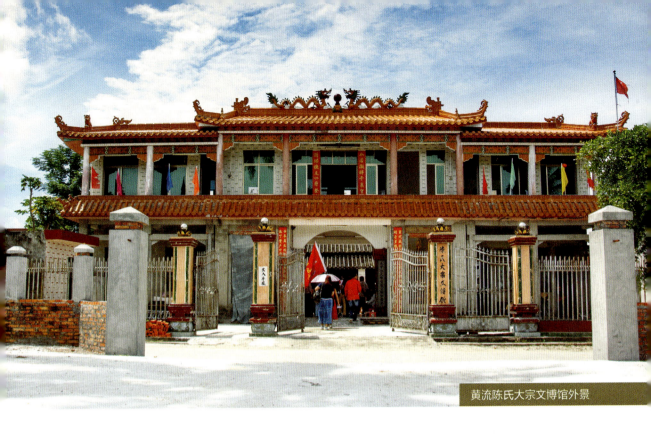

黄流陈氏大宗文博馆外景

中的精品。陈氏大宗祠共经历三次修葺。2002年，经乐东黎族自治县有关部门批准，陈氏大宗祠改建为"黄流陈氏大宗文博馆"，里面存放文物千余件、文艺类书籍2000余册。

黄流陈氏六房宗祠（颍川书院）在清光绪二十二年（1896年）迁建于正中南坊，坐北朝南，有门楼，四进室，中八角亭，边有横房。祠堂在民国初期被借用开办学校，1955年改为黄二大队办公室。该宗祠为黄流陈氏始祖陈彦祥四世孙陈禄的六个儿子的后裔合资筹建，故得名"六房宗祠"。门上有楹联："颍水漾文澜，流通湖海，楼中百尺，高擎龙乍起；儒宗开端学，闻得诗礼，庭上千秋，犹见鲤常趋。"横房也有一副对联："入孝有贤能出悌，齐家其本在修身。"

黄流的邢氏祠堂有邢氏大宗祠、邢氏小宗祠（今梦璜书院）、邢朝瑞祠堂等，均建于清代。其中，邢氏大宗祠为邢氏迁崖州始祖万安知军邢梦璜第四子邢万胜的直传后裔于雍正六年（1728年）捐资修建，至今已有

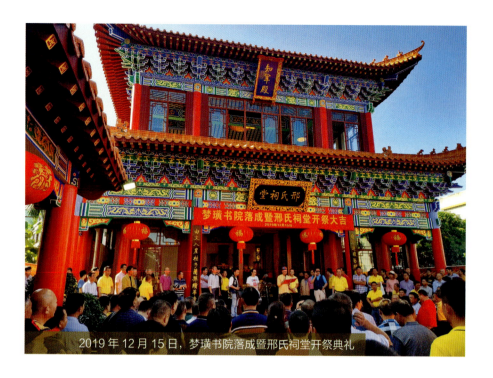

2019 年 12 月 15 日，梦璜书院落成暨邢氏祠堂开祭典礼

290 余年历史，是乐东地区最早的祠堂之一。2018 年，邢氏小宗祠改建为梦璜书院，2019 年竣工。梦璜书院坐北朝南，布局依次为前厅、中亭、后厅、厢房。中亭设在院内，为重檐歇山顶式八角亭，柱、梁、桁条皆雕画着花草以及鸟、麒麟等飞禽走兽。大门有门闸，门闸两边各安装一个石雕半圆石轮，门前有两株高大苍郁的榕树，拾级进祠，内有广场水井和三进室，旁有横房厨房，四周围墙，广场中间立有旗杆。后厅为硬山顶、抬梁式混合梁架结构。柱为石质圆柱，共六柱九桁，明次间相互通连。院子东西两端各有五间厢房。宗祠前厅正门两侧竖放着一对石鼓。

佛罗林氏宗祠

佛罗林氏宗祠位于佛罗镇佛中村，坐东北朝西南，宽 15 米，进深 55 米，始建于清代，原为砖瓦建筑，确切建筑年代待考。林氏在佛罗

林氏宗祠

是大姓，祠堂是用来供奉和祭祀林氏祖先的地方，建筑规模很大，也非常讲究。林氏宗祠祠堂分为前、中、后三厅，每厅三间。中厅设有殿台，后厅三间为柱升起抬梁式、穿斗式混合构架建筑，明次间连在一起。大厅有四排木柱，每排由五根组成，每间九桁的厅堂有梁架、圆柱、圆顶石、硬山顶、屋脊，斜脊微有起翘，并雕塑花、鸟、禽、兽图案。可惜林氏宗祠一度被改造成了人民公社的厨房，宗祠内部设施更是严重受损，宗族祖宗的神主牌、祖像以及族谱等皆被毁坏，前厅也被毁，所幸中、后厅还保存完好。

2019年，林氏宗祠在原址重建。当地老人介绍，林氏宗祠既是林氏大家族的圣地，亦是一处难得的人文景观。重建后的林氏宗祠整体建筑保持了明清风格，远观飞檐翘角、大气恢宏，近看精雕细琢、庄重典雅。

古镇名村

古镇之美
名村风貌
革命老区

古镇之美

黄流镇

　　黄流镇位于乐东黎族自治县西南沿海，古属崖州辖地。据《黄流村志》记载，南宋建炎元年（1127 年），黄流先民迁移来琼，形成黄流

黄流镇全图

镇，至今已近 900 年。黄流在古代地处崖州和感恩县之间，而今位居乐东沿海六镇的中间地带，历来是聚气之地。黄流先民在迁徙过程中，择此良地而聚居，此地逐渐发展成琼南规模较大、文化发达、商贸繁荣的传统村落，并进而发展成今天乐东沿海最大的城镇。在悠久的历史长河中，黄流哺育了多位能工巧匠、商贾政客、学子艺人，酝酿出了璀璨的文化。黄流花灯、崖州民歌、书法等享誉国内，《流韵》《黄流乡土文艺》《黄流楹联》等民刊争奇斗艳，黄流因此被文化部（现文化和旅游部）授予"中国民间艺术之乡"称号。

黄流镇有关公庙一座、古塔三座，其中西关塔是风水塔，位于村西大沟田地。黄流宗祠众多，保存完好的有陈氏大宗祠、陈氏六房宗祠、邢氏大宗祠、邢氏书房、孙氏大宗祠。元代以来的古墓尚存若干。关公庙始建于清乾隆五十年（1785 年），位于西南坊之南太返处、岳飞庙之东，内供奉木雕关羽神像。1958 年，神像被毁。1995

黄流民居村落——黄流拔贡坊

年，黄流民间集资 37 万元，建成"黄流民间关帝纪念馆"，新关公像由黄流人、著名雕刻家林毓豪雕塑，高 1.8 米，宽 1.2 米，栩栩如生。

　　2007 年 2 月，黄流镇被中国书法家协会授予"中国书法家进万家活动先进集体"称号，9 月又被海南省书法家协会评为"海南书法之乡"，是海南省第一个获得省"书法之乡"称号的乡镇。黄流镇从 1995 年开始举办黄流民间文化艺术节，每年一届，至 2019 年共举办二十五届。

黄流镇书法协会成立 30 周年书法作品展开幕式

九所镇

九所镇位于乐东黎族自治县西南沿海，这里黎族、汉族聚居，是经济、政治、文化较为发达的农业大镇。2019 年 10 月，九所镇入选"2019 年度全国综合实力千强镇"。

九所的地名沿袭了卫所军事制度的编序。卫所制度始于明洪武年间，是明代最主要的军事制度。洪武五年（1372 年），设置海南卫，而后在崖州沿海设置了四所、九所、十所。九所，即现今的乐东黎族自治县九所镇。

九所镇老城区

　　九所镇经济繁荣，文化昌明，文儒荟萃，人才辈出。清代举人吉大文、拔贡孟儒定等人为九所镇留下了丰富的文化遗产。吉大文故居位于镜湖村，始建于清咸丰年间，为三进格局。第一进为南北两座门楼，南门楼为主门，其屋脊高耸，扇状牌匾雕工精美，正面阳刻"资政第"三字，背面雕文房四宝，两端塑有传统吉祥图案；第二进为中亭，中亭两边为天井横房；第三进为三间正宅，中为厅堂，左右为厢房，再就是两间灶房。吉大文故居原有一方举人匾额，六张高脚牌。高脚牌中，两张上书"福建候补道"，两张上书"回避"，两张上书"肃静"。该故居中还有一乘专供举人乘坐的轿。孟儒定的孟氏老宅位于十所村，保存有孟儒定五进故居、孟氏祠堂和木匾额，这些都弥足珍贵。

吉大文故居

图例	
● 乐东黎族自治县	县级行政中心
● 尖峰镇	乡级行政中心
🏛	乐东古镇
🏛	乐东名村

猕猴岭

万冲镇

乐东黎族自治县
（抱由镇）

尖峰岭

大安镇

尖峰镇

志仲镇

佛罗镇

千家镇

丹村 · 🏛 佛罗村

莺歌海镇 · 🏛 黄流镇

黄流镇

利国镇

镜湖村

乐罗村 🏛 · 🏛 九所镇

九所镇

乐东古镇名村分布示意图

黄流镇

黄流历史悠久，文化璀璨，培育出了黄流花灯、崖州民歌等一批享誉国内的文化品牌，被誉为"中国民间艺术之乡"

九所镇

九所之名来源于明朝卫所军事制度的编序。九所镇经济繁荣，文化昌明，文儒荟萃，人才辈出

丹村

红色革命老区，曾获"中国美丽乡村""中国传统村落（第三批）""全国美丽宜居村庄""国家首批绿色村庄""海南最美乡村"等荣誉

镜湖村

2017年，镜湖村入选"海南十大名人故里"，2019年入选"中国传统村落（第五批）"

佛罗村

自古就有人类居住，于南宋时期立村，2019年入选"中国传统村落（第五批）"

乐罗村

古称"六螺"，为历代水陆交通枢纽和琼岛西南部著名的鱼米之乡。乐罗德化书院为古崖州书院之一

名村风貌

丹村

　　丹村是乐东黎族自治县佛罗镇的一座大村庄，是红色革命老区，曾获"中国美丽乡村""中国传统村落（第三批）""全国美丽宜居村庄""国家首批绿色村庄""中国乡村旅游模范村""全国文明村镇""海南最美乡村""海南乡村旅游示范点"等荣誉。丹村村庄面积270公顷，水田面积280公顷，坡地面积666公顷，林地面积87公顷。其村道开阔，房屋整齐，环境优美，交通便利。

　　500年来，丹村形成东岭、西湾、南港、北河的四至格局，隋堤碧水，有港有河，造就了丹村八景——丹村古榕、清代酸梅林、虎鼻朝晖、龙沐湾夕照、鹤白禾绿、双溪嘴日出、白沙河芦苇荡和丹村港唱晚。丹村古榕植于明末，位于旧丹村西侧，占地2亩，树冠圆整美丽，远看像一把为丹村人世世代代遮风挡雨的天伞。丹村最美的一道风景，是100多棵百年以上的酸梅树，丹村因此可谓海南省酸梅树最多的村庄。酸梅林是当年立村之时，先民为防海水侵蚀而种植的。

在酸梅林的掩映下，丹村的一座座老宅愈发显得古朴。村里最古老的房屋是乾隆年间的一座老宅。老宅的设计体现了海南地理文化的特征。海南汉族居民多来自福建，因而海南文化的一部分也是闽南文化的延续，反映在民居的形制上，此地与闽南地区有相同之处，但随着时代的变迁，又形成了自己的特色。丹村老宅无论是布局、功能，还是建筑风格，都具有较高的研究价值。

丹村境域内有丰富的人文景观：隋延德县的县衙遗址、虎鼻古镇遗址、唐造币厂遗址、宋甘泉驿遗址、明旧丹村遗址、明砖窑遗址、明丹村港码头遗址、明古墓、明烽火台遗址、明番人城遗址和清代民居，共有 11 处之多。

唐造币厂遗址

　　村北，溪子河和老邢田溪汇合成白沙河下游，白沙河的出海口是黎白港。隋、唐、宋时，黎白港是延德县的重要港口，除了停泊渔船，更重要的是作为延德县的商贸集散地和交通要道。黎白港既是古代海上丝绸之路淡水、食品的补给港，又是尖峰岭所产的香料、茶叶和木料重要的输出港。许多中国的瓷器、丝绸、香料等经此地从海上运往马六甲（今马来西亚）、爪哇（今印度尼西亚）等地。

　　明万历年间，因商业贸易和交通往来的需要，村民与番人在此共建

丹村鸟瞰

码头，由此形成丹村港古渡口。当时从各地运来的货物在此上岸后，便被送至佛罗铺市进行交易。村民出行，也都依赖该港口。佛罗铺市地处环岛古驿道上，离丹村河古渡口较近，铺市因港口而兴，港口也因铺市而繁华。

丹村乡土文化比较活跃，村中郭义中和王建光等乡贤积极挖掘历史文化，编写《丹村志》《延德文化丛书》等图书和《龙沐湾》《延德》民刊。丹村人秉承"文化兴村，红色传承"的精神，奋发有为，勇做新时代的开拓者、奋斗者。

镜湖村

"镜湖环村廓，古巷出道台。"这是对镜湖村地理人文特色的真实写照。2017年，镜湖村因吉大文而入选"海南十大名人故里"。2019年，镜湖村入选"中国传统村落（第五批）"。

镜湖村归乐东黎族自治县九所镇管辖，在明代初期由吉姓先民来居而立村。据《吉氏族谱》记载，该村初名万安村，寓意万代安居乐业，瓜瓞延绵。村北有一水塘，面积600余亩，水质清澈，时称"明塘"，岸边古木参天，层林倒映水中，风景如画。清乾隆年间，村中缙绅监生吉清龄结书庐于水滨，为书庐题一匾额曰"镜湖"，塘亦因之得此雅称，村名也改为"镜湖"。同治年间，内阁中书、举人吉大文又将

镜湖村文化广场

镜湖秋天时的湖光月色之美列为古崖州八景之一，此即"镜湖秋月"。镜湖村因此景致而留芳州志，名闻遐迩。村南另有一水塘曰"抱贵塘"，水面面积近百亩。镜湖与抱贵塘之间有一水沟，两者互通，调节水源。

村民自古耕读传家，崇尚儒学，人才辈出。明宣德三年（1428年），这里走出第一个岁贡生吉微。查阅《崖州志》，有明一朝276年，崖州岁贡生屈指可数。到了清代，道光二十六年（1846年）又出岁贡生吉春，道光二十九年（1849年）出拔贡生吉大升，咸丰元年（1851年）吉大文乡试中举，父子三人丹桂联芳，成为儒林盛事。尤其吉大文为首次秋闱中举，列广东第四十九名，"白袍端合破天荒"，开250余年崖州文运之先河。镜湖村现又有莘莘学子源源不断走进清华大学、中山

镜湖村关帝庙

镜湖湿地公园

大学等高等学府深造，是名副其实的文化古村。

镜湖村民居多坐北朝南，仅湖边一小部分朝西面湖。历经明、清、民国到今天，村落形成了"一纵十横巷"的格局。主村道一条，称"举人路"，为当年吉大文出行的主道，东西走向，将村分为南北两边。北边为立村时的聚居点，自然发展形成六条南北向横巷，有资政巷、国魁巷、酸梅巷等；南边为清乾隆年间因人口增长自由发展形成的居住区域，有国学巷、牛仔巷等。现存传统建筑中属清代和民国遗存的超过三分之一，房屋均为接檐式，属典型的琼南民居建筑。村落整体风貌呈现出清代至民国时期崖州传统村落的典型特征。

镜湖村已走过600余年的岁月，一砖一瓦均印刻着历代先民勤劳开

拓、拼搏向上的精神印记。随着镜湖湿地公园的建成以及农业产业化和旅游产业化等的发展，镜湖村的明天将更加美好。

佛罗村

佛罗村地处海南岛西南部，背靠尖峰岭山脉，面向莺歌海盐田和龙沐湾，于南宋时立村，历史上曾分属感恩县和崖州、崖县管辖。2019 年，佛罗村入选"中国传统村落（第五批）"。

佛罗村一带自古就有人类居住，据考古发掘，这里曾发现新石器时代放教坡古遗址。佛罗村现有遗址旧址、老街古巷、碑刻牌匾、博物馆园、出土文物、历史器件、古树名木等共计 7 大类 18 处历史环境要

镜湖湿地公园（局部）

素，体现出不同历史时期的文化内涵。

据明《正德琼台志》记载，佛罗村古称"悦村"（即月村，崖州和感恩县分治）。"佛罗铺"之名最早出现于此书，佛罗铺被列为感恩县最南一铺。因此最晚在明正德之前，佛罗铺市（递铺和集市，今佛罗老市街）业已形成。随着铺市的繁荣，明、清乃至民国，来自广东南海、高州及海南琼州一带的客商云集并落户佛罗铺市，有力推动了当地的商贸发展，南海行、高州行和琼邑行三大商行分别在此建造了商行会馆。

佛罗老村面积约 200 亩，包括今佛北、佛中、佛南村的老村和佛

佛罗村

罗老市街，历史上是崖州（县）与感恩县交界处驿道上的一个铺市，呈"七巷一街"格局。其中"一街"即佛罗老市街，"七巷"中的梅村巷至老市街街口为崖州（县）和感恩县交界处。

如今佛罗老村"七巷一街"格局基本还在，传统民居大多尚存。老市街上传统建筑以南洋骑楼风格为主，新建建筑则为简欧或折中主义风格。村巷传统建筑以琼南崖州民居为主，为单进三合或二合院，部分有门楼，正屋为琼南特有的"一剪三坡三檐"接檐式屋面，堂厅前有大进深的门廊，以适应琼南半干旱炎热气候。

老街洋楼（局部）

乐罗村

　　乐罗村，古称"六螺"，为历代水陆交通枢纽和琼岛西南部著名的鱼米之乡。乐罗早时交通运输甚为方便，它西、南两面分别与望楼港、罗马港相依，水上贸易畅通无阻。史书记载，明清时期，乐罗均为岛内外货物吞吐与集散的枢纽，是朝廷指定的崖州地区（除三亚港外）可停泊越南等东南亚各国贡船的港口。这里除停泊番船外，还泊有来往于泉州、南安、安溪的木帆船，最多时有 100 多条。港口是山珍海味、日用百货等的集散地，山里的香菇、香蘑、木耳、茶叶、木炭等都挑到这里装船，从泉州等地用木船运来的布匹、丝绸、食盐、百货、煤油等则到这里卸货。

　　乐罗古县被废后，在此设德化驿，此驿站成为朝廷官员来往歇脚之地。清咸丰六年（1856 年），德化驿改设为德化书院。德化书院为古崖州书院之一，治学十分严谨，培育教化了一批乐罗学子。相传，"琼

乐罗村全景

州三杰"中的陈圣屿（儋州人）、陈式平（崖州官村人）均曾在德化书院任教，吉大文也曾在此主讲。《崖州志》记载："德化书院，在乐罗旧德化驿。咸丰六年，里人同建。"光绪三十四年（1908年），德化书院改为乐育学堂；1915年，又改为崖县县立第二高级小学校。改革开放以后，乐罗名人不断涌现：在港澳问题研究上有所建树的作家和学者——周祖贵，他以冷夏为笔名，出版有《霍英东传》以及《谁主香江》《逐鹿香江》《决战香江》三部曲等；知名企业家陈垂康和林晓，多年持续资助村里的贫困大学生，帮助他们完成学业；海南作家协会会员林元法，积极编写《望楼河》，弘扬乡土文化。

乐罗村也是崖县民间文化最为璀璨、民间艺人最为集中的地方。各种各样的民歌民谣自古流传至今，很多老一辈人随口就能哼唱。这些民歌民谣伴随着乐罗的成长，浸淫着乐罗人的灵魂。

革命老区

莺歌海革命老区

莺歌海是海南著名的革命老区。在中国革命转入低潮的时期，为了保存革命实力，崖县陵水地区的琼崖工农红军，曾转移到琼西南一带。

1925 年，在外地读书的进步青年陈文光受到五四运动思潮的影响，积极参加反帝反封建的民主革命运动。随着形势的发展，陈文光回乡组织了乐崇馆，通过各种渠道传播新文化、新思想。1926 年，莺歌海渔民协会成立，在中国共产党的领导下开展反渔霸、反压迫的斗争。其会址就设在陈文光家，即今莺歌海镇海滨街东路 44 号。这里当时是乐崇馆馆址。

1928 年，莺歌海地下党联络站设在李成安家，此地俗称"亚婆楼"，即今莺歌海镇南海街西路 1 号。亚婆楼建造于明末，位于莺歌海妈祖庙大路前场，是民国初期莺歌海商业贸易的老市子街的龙头区，也是莺歌海的文化中心。

1930 年春，指导崖县陵水地区工作的中共特派员王白伦派崖三区农会主席蒙传良到莺歌海向林克泽传达上级指示。林克泽接受任务后，马上召集来自琼东地区的共产党员陈忠、陈铭楹、李永才、符经龙、王国良、林六叔、陈天儒、林绍宽、郑昌风等人在陈人芬家的小楼上开会，正式成立莺歌海党支部，并恢复党员的组织生活。这是琼西南地区第一个中共党支部，其会址位于今莺歌海镇南海街东路 11 号。

1931 年，一支革命武装力量——莺歌海游击队建立。1932 年 10 月，中共崖陵县委决定，在莺歌海地区成立中国工农红军琼崖第二独立师崖西第五连，简称"红五连"。这是一段永不磨灭的红色记忆。

1983 年 7 月，莺歌海革命烈士纪念陵园建成，一座帆船造型的花岗岩石碑——莺歌海革命烈士纪念碑矗立其中，巍峨庄严。2002 年，这座烈士陵园成为乐东黎族自治县青少年革命传统教育基地。

莺歌海革命烈士纪念碑

丹村革命老区

丹村是革命老区，被誉为"琼西南井冈山"。1929年春，共产党员陈文光、陈世德来到丹村，成立了佛罗地区最早的农民进步组织——丹村农会。陈洪任农会主席，副主席为王绍传、陈开彭，会员由丹村热血青年组成。

1932年，崖西红五连成立不久，望楼港党支部送来情报说国民党崖县县长王鸣亚的一艘走私船停泊在望楼港海边。崖西区委遂下达命令，由林克泽、陈文光、陈世德带领红五连第一排陈子富等十多名战士前往望楼港，同驻扎在望楼港儋州村的红五连第三排及群众配合行动，突袭王鸣亚的走私船。这次袭击大获全胜，之后陈文光、陈世德带领红五连第一排战士拉起船帆顺风返回丹村港码头休整，并准备进驻凤田岭根据地。王鸣亚得知消息后，马上请求国民党琼崖驻防军旅长陈汉光率军配合民团赶到丹村港码头围捕红五连。双方对峙到下午三点多，守在凤田岭根据地的红五连第二排接到丹村赤卫队的报告后，联合丹村赤卫队赶至丹村港海坡，从敌后发起猛烈攻击。红五连第一排见有援兵接应，立刻向岸上的敌人发起反攻。这次反击战虽然敌强我弱，但红军战士临危不惧，英勇善战，在丹村群众的支持下，取得了最终胜利，并缴获了一批武器。红五连军威大震。

1933年，陈汉光带兵对丹村农会进行"围剿"，农会主要骨干不幸被捕，农会组织被迫解散。但革命斗争并没有因此停止，依然在村里悄悄地进行着。

1937年，七七事变爆发。丹村知识分子的优秀代表王伯积极响应共产党地方组织的抗日号召，投笔从戎，高举抗日义旗，在丹村建立了佛罗第一支抗日游击中队，并任中队长。在王伯的率领下，丹村抗日游击中队出没在黎村山寨，与黎族同胞一起或正面伏击，或夜间偷袭，出奇制胜打击敌人。特别是在丹村港战斗中，丹村抗日游击中队浴血奋战，将日军打得落花流水，溃不成军。后因叛徒告密，日军突然包围了丹村游击中队。在突围战中，王伯不幸被捕。敌人对他威逼利诱，可他宁死不屈，最终英勇就义。1941年，日军分东、西、南三路进犯琼岛。在救亡图存之际，丹村成立了第一个中共党支部，由石雄飞任书记。抗日组织的力量日益壮大，为抗击日本侵略者作出了贡献。

1947年，琼西南革命先驱赵光炬在丹村设立解放战争临时指挥部。

为了中华民族的解放事业，丹村先后有20多名热血青年为国捐躯，其中一半以上是共产党员。

1947年，为了传承革命火种，丹村共产党员在丹村创办了佛罗地区第一所学校——丹岭第一小学。

丹岭第一小学旧址——今丹村小学

丹村革命老区

球港村革命老区

球港村是革命老区，涌现了很多为国为民献身的英雄人物。1927年，林吉祥等人在家乡球尾灶村（今乐东黎族自治县利国镇球港村）组织发起农会运动。从此，一批批有志青年前仆后继加入革命队伍，擎起球港村革命的旗帜。

1928年年初，林吉祥任乡农会武装部长。他带领望楼港自卫团没收了奸商偷运出港的一船500多斤大米，并将其分给商民和盐民。同年2月，他劝时任民团中队长的表弟陈王裕发动武装起义，因奸细告密，不幸被捕入狱，1937年出狱后走上抗日救国之路，1938年入党。

抗战时期，与林吉祥同村的林吉进等人积极组织学生成立抗日救国后援会，参与创办抗日宣传刊物《青年文艺》，并参与组织抗日宣传队宣传抗日，激发人民群众的抗日救国热情。林吉进后来也加入了中国共产党。

1939年2月，侵华日军大举进犯海南岛。日军第五舰队占领榆林港，并侵占崖县。球港村的林吉典弃教从戎，投身抗日斗争。同年4月，日军在九所、乐罗等地设立据点，并且成立了日伪维持会，实行十户联保的保甲制，加强对沦陷区人民的统治。林吉进遵照中共崖县县委的指示，在球港村组建党支部，并任支部书记。党支部积极发展动员、壮大抗日力量，林金标、林世金等一批青年参加了革命。

1940年春，林吉进在球港村成立青抗会。青抗会会员经常在夜间破坏日军的通信设施——剪电线、毁电杆，破坏日军的交通要道——毁公路、炸桥梁。他们还开展除奸行动。1940年，林吉典加入中国共产党。林吉典和林志超等人经常冒着生命危险张贴标语、散发传单，进行抗日宣传，激发人民的抗日斗志。同年夏，国民党在崖县掀起了反共高

球港革命烈士陵园后墙大理石上镌刻着烈士生平事迹

潮，国共团结抗战出现危机。在严峻的形势下，林吉进和中共崖四区委书记陈国风动员了30多名青年参加抗日部队。在他们的积极宣传发动下，群众踊跃捐献钱和衣服、被褥、医药、粮、盐等物资支援抗日部队。1941年春，陈国风被调走，林吉进接任崖四区委书记。为了发展壮大党组织，推动全区抗日救国运动蓬勃发展，林吉进经常秘密发展党员，组织群众进行抗日活动，1942年在一次突围战中牺牲。

1945年1月，崖县区署成立，林吉典协助区长做了大量工作。同年年底，国民党第四十六军新编十九师大肆"围剿"崖县的红色村庄，残害革命群众和共产党员。上级指示崖四区委、崖县区署撤到土伦（今尖峰镇境内）。

2001年8月，在海南省民政厅和乐东黎族自治县县委、县政府的关心下，球港村建起了球港革命烈士陵园。陵园占地 2666.67 平方米，其中建筑面积 1000 平方米。陵园中间建有一座象征性烈士公墓，后墙大理石上镌刻着每位烈士的事迹。

黑眉革命老区

在革命转入低潮的时期，为筹备琼崖东北区抗日民主政府，并将抗日根据地连成一片，琼崖抗日独立总队一边保卫原有的根据地，一边建立新的根据地，扩大群众抗日基础。

1941 年 8 月，冯白驹指示琼崖抗日独立总队第三支队（以下简称"第三支队"）支队长张开泰挥戈东进。但是，从儋县（今儋州）、临高进军，无法通过敌人的封锁线，只有南下昌江、感恩、乐东、崖县，才能东进。于是张开泰带领第三支队从白沙县转移到昌江、感恩，途经乐东县的黑眉岭（乌槐岭）时，在黑眉村驻扎，创建了黑眉革命抗日根据地。

日军得知在黑眉岭一带有琼崖抗日的主力部队后，便纠集驻扎在乐东境内的日伪军 1000 多人，到黑眉岭围攻第三支队。经 7 天 7 夜奋战，双方都付出不小代价。由于山高林密，日军无法深入山区，最后只好悻悻撤走。第三支队从黑眉岭突围后，在山道村整补队伍，继续踏上东进征途，历经半年多，行程 1000 多千米，边走边打，驰骋大半个海南岛，在 1942 年年初，终于到达万宁六连岭抗日根据地，建立了以六连岭为中心的乐万抗日根据地。

1945 年 10 月，蒋介石派全副美式武装的国民党第四十六军新编十九师开进昌、感、崖、乐一带，企图在"三个月里消灭海南共党"。此时，龟缩在番阳、抱善等山区的崖、乐两县国民党游击队，也向沿海一带出动，配合国民党第四十六军新编十九师发起内战，残酷杀害共产党员和革命群众。国民党集中大量兵力，摧毁各级民主政权，占领大小墟镇，对解放区进行疯狂"扫荡"。黑眉革命根据地首当其冲。

1946年上半年，国民党第四十六军先后两次派出两个团和两个营连同保安队进攻黑眉革命根据地，但在民兵武装和黎族人民的抗击下，均告失败。同年下半年，琼纵部队重返黑眉地区，和根据地人民并肩作战。从1946年到1949年，国民党军队和地方武装先后10余次进攻黑眉地区，均被英勇的黑眉军民击溃。而在沿海一带，崖四、崖五区地下游击队和武工队，频繁出击敌据点，开展肃奸反特活动，有力配合了黑眉革命根据地军民粉碎敌军"围剿"的斗争。

黑眉村爱国主义教育基地——乐东革命历史纪念馆

人文荟萃

收藏文化

　　乐东民间素有收藏的传统。改革开放以来，我国的经济得到了迅速发展，人民的生活水平大大提高，乐东参与民间收藏的人数与日俱增。乐东民间收藏家不以营利为目的，而是以弘扬传统文化为己任。他们注重对藏品的研究，积极发掘藏品的历史价值、文化价值、艺术价值和经济价值。他们开办了大大小小的民间博物馆，向社会开放。这些博物馆收藏了大量民间藏品，既保护了文物，又传承了文化，充分发挥了收藏品在文化传播中的桥梁和纽带作用。

白沙河谷博物馆

　　白沙河谷博物馆，又名白沙河谷本土文化园，由当地人袁金华创办，并且得到了政府的大力帮扶。白沙河谷博物馆见证了乐东乃至琼南文化的延续和发展。自1974年起，袁金华用40多年时间，不断发掘、收集、保护、整理和研究本土的历史遗留物件——各种藏品，确定其收藏定位，配套完善特定体系，从而开启了从另一层面提升海南本土文化

图例：

● 乐东黎族自治县　县级行政中心

● 尖峰镇　乡级行政中心

　河流、湖泊

🏛　民间文博机构

猕猴岭

红水河

昌江

万冲镇

昌河

南

巴

河

乐东黎族自治县
（抱由镇）

尖峰岭

🏛 大安镇

乐东黎族民间文化博物馆
创办人：王秀芹

尖峰镇

楼河

志仲镇

望河

白沙河谷博物馆
创办人：袁金华

佛罗镇

🏛

乐东黄流龙窑博物馆
创办人：容族新

望楼河

千家镇

鸯歌海镇

🏛

黄流镇

利国镇

🏛

乐东崖州布博物馆
创办人：周长征

望楼河

九所镇

🏛

琼南历史文化民间博物馆
创办人：蔡宁

乐东民间文博机构分布示意图

的新征程。

　　白沙河谷博物馆发掘收集到的海南本土文化文物有 5000 多件
（套），其最早可追溯到海南先民在旧石器时代晚期打制的石具器物和
在新石器时代磨制的石具器物，如石斧、磨器、石锛等。秦、汉、唐、

白沙河谷博物馆馆长袁金华及其藏品

宋、元、明、清、民国等多个时期的各类文化遗存种类繁多，如植物质陶、椰壳陶、低温陶、战国绳纹环形青铜器、崖州绣被、崖州布、崖州民歌古版手抄本及黎族麻棉织物、藤竹编织器、独木舟、木制古耙、犁、猎弓等。此外，这里还有4000多张展现黎族文身和生活画面的旧照片，这些旧照片无疑是海南黎族文化中弥足珍贵的历史记忆。

白沙河谷博物馆坐落在尖峰和龙沐湾之间的琼西南休闲旅游中心地带上，既是对尖峰和龙沐湾旅游的重要补充，也是琼西南最具影响力的典型文化地标。

乐东崖州布博物馆

乐东崖州布博物馆由民间收藏家周长征创建，该馆以深入民间发掘搜集到的多种古崖州布、服装和崖州纺织原材料及一些纺织工具物件作为样本，探索崖州布背后的历史和文化记忆。

乐东崖州布博物馆收藏的品种很多，涵盖传统棉纺崖州布、黎族传统纺织、古石雕、琼南传统古家具、古陶器、古瓷器、黄花梨文化器物、黎族传统藤编器等本土文化器物。乐东崖州布博物馆现有古崖州棉纺织布 700 多套，黎族棉麻纺织布、被、裙、衣物等 1400 多套，黎族藤编器 50 余件，古崖州文化首饰类 113 件，黎族生活用具 181 件，海南古陶器 176 件，明清青花瓷 245 件，琼南明清家具 19 件，黄花梨古器具 207 件。此外还有新石器时代石器和近代石雕 297 件。

乐东黄流龙窑博物馆

黄流原属古崖州，其盛产的手工艺品——陶瓮罐常年享誉琼岛。唐宋时期，海南形成了两大窑生产中心，即琼岛西南的黄流窑和琼岛东北的定安窑，它们当时已具备较大的生产规模，能为琼岛居民提供生产生活所需的各类器皿。到了明代，黄流窑生产的各类陶器在当地最负盛名，并一度成为该地区的重要经济支柱，在海南制陶史上具有重要影响力，"黄流罐"更成为琼南地区陶瓷文化的重要坐标。

乐东黄流龙窑博物馆又名黄流民间文化博物馆，由民间收藏家容族新创办。如今其馆藏有 2000 多件琼西南地区的古龙窑陶器和黎锦龙被等民间文物。这些文物是当地历史的见证，是乐东的宝贵遗产，是传承历史文化、民族精神和智慧的实物资料。它们的存在，有助于子孙后代品味乡土文化，认识琼南文化及其悠久的历史，并激发他们对琼南乡土文化的热爱、传承和保护。

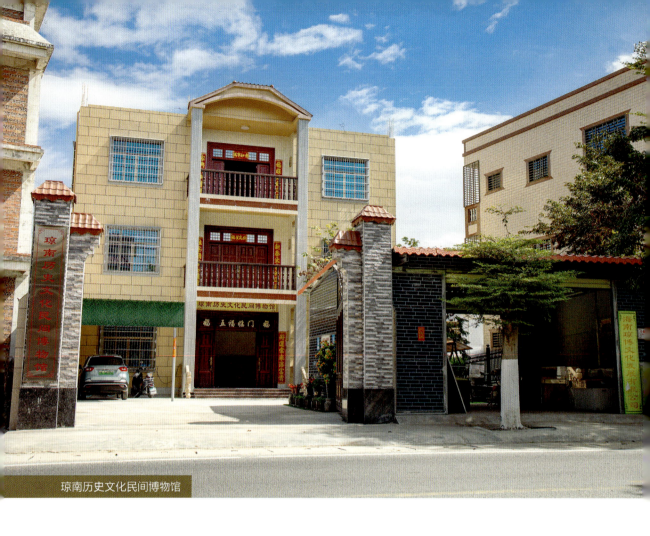

琼南历史文化民间博物馆

琼南历史文化民间博物馆

琼南历史文化民间博物馆由收藏家蔡宁创办。蔡宁从1995年开始，便在琼南民间收集文物。现馆藏的2000多件文物对于研究琼南黎族、汉族的来历，以及黎汉的交融发展，具有较高的文化价值。

该博物馆馆藏中，有海南各类史前石器1000多件，其中，厚形制大石斧、蝶形石饰、记忆石棒等为海南省首次发现，填补了海南考古史上的空白；有汉代至清代的琼南古陶器和瓷器、黎锦和麻织品、黎族藤竹编旧器、黎族银饰和铜器、黎族手工纺织用具、黎汉传统木雕，以及清代至民国的各类书契等文物1000多件，其中，珍贵文物有宋代"官"字款、元代"吉"字款的城砖，清代崖州府印"红契"等。

西黎民族文化展示馆

乐东黎族民间文化博物馆

　　乐东黎族民间文化博物馆，又名西黎民族文化展示馆。该博物馆馆主王秀芹是一位黎族女子，她 1986 年开始涉足收藏时年仅 18 岁，至今已坚持 30 多年。乐东黎族民间文化博物馆主要藏品有黎族的服饰、生活用具和生产用具等，共 1391 件。

　　黎族没有自己的文字，一条筒裙、一支鼻箫、一把弓箭……每一件器物都记载着黎族百姓在海南生生不息的历史。乐东黎族民间文化博物馆中的藏品不仅具有记录、研究黎族人民劳动生产、技术技艺、民族传统文化等方面的重要价值，更能唤起人们对渐行渐远的农耕时代的温暖回忆。

乐东名人

邢梦璜

　　邢梦璜（？—1324年），名禄，字梦璜，为琼南（黄流）地区传播儒学的先驱。邢梦璜系邢氏迁琼始祖十二公肇周的第五代嫡孙，是邢氏迁崖始祖。南宋咸淳年间，邢梦璜举文学，授崖州佥判，升万安知军。其为政、为学、为事，备受明朝文渊阁大学士丘濬赞誉，称"其显而贤者耳所传者，则有宋知军梦璜，以文学、政事著声前代"。

　　邢梦璜有《节录摩崖碑记》《至元癸巳平黎碑记》"二记"和四首诗文存世。其中，"二记"分别被收入《正德琼台志》和《崖州志》。《节录摩崖碑记》（现存部分）和《至元癸巳平黎碑记》对于缺乏历史文献记载的宋元交替时期的海南历史，是不可多得的重要补充史料，极具史学及学术价值。《节录摩崖碑记》记载，南宋咸淳三年（1267年），陈明甫、陈公发等人聚众造反，自号"三巴大王"，占据临川里（今三亚市月川桥一带）等地，掳掠村落，强征粮税；咸淳十年（1274年），朝廷派军大举镇压，陈明甫逃到占城和交趾（两地均属今越南），最终被俘，受酷刑后身亡。《至元癸巳平黎碑记》记载的是元朝皇帝忽必烈为稳定对海南岛中部地区的统治，接受臣下的建议，发兵平乱的史实。元军打完仗后，还在五指山、尖峰岭等地勒石纪念。今尖峰岭山脚下的"大元军马下营"石刻，可谓这一历史事件的见证。

邢梦璜死后归葬于黄流村西水井山，其墓系清光绪《崖州志》所记载的 16 座古墓之一。该墓由邢梦璜第九世裔孙、明代举人邢世昃立碑，于道光七年（1827 年）重修。光绪七年（1881 年），邢梦璜第十九世裔孙邢诏申捐献石材铺建祭场。1983 年，该墓再次重修，并加盖竖楼（牌坊）。2012 年，邢氏后裔将邢梦璜墓地修建成梦璜文化园。

梦璜文化园

乐东名人分布示意图

❶ 邢梦璜（？—1324年）
名禄，字梦璜，琼南（黄流）地区儒学传播的先驱

❷ 陈峻琚（1712—1791年）
博学多才，精于诗赋，通晓经史，有"琼南冠冕"之誉

❹ 张篙（1854—1917年）
清光绪年间顺天举人。曾掌教崖州鳌山书院，为《崖州志》的主要编纂者

❼ 邢福义（1935—2023年）
语言学家。他在语言学界影响最大的研究成就可概括为"小句中枢"理论和"两个三角"学说两大方面

❿ 张跃虎（1948— ）
广东省作家协会会员。其《珠崖田野上的华夏魂——琼南乡土社会之履历沧桑》为原创性社会人类学专著

颜任光（1888—1968年）❻
物理学家、教育家。主要研究仪器仪表，对发展中国仪器仪表事业作出了重大贡献

关义秀（1946— ）❾
中国作家协会会员。其著作《五色雀》是海南省第一部由非黎族作者撰写的黎族题材长篇小说

尖峰岭

尖峰镇

陈峻琚 ❷
佛罗镇

孔见 ⑫

莺歌海镇

邢梦璜 ❶　邢福义 ❼
张篙 ❹　　林毓豪 ❽
邢定纶 ❺　张跃虎 ❿

黄流镇

❻ 颜任光
❾ 关义秀

利国镇

吉大

九所镇

乐东黎族自治县 ● 县级行政中心

大安镇 ● 乡级行政中心

古代名人

现当代名人

獀猴岭

万冲镇

乐东黎族自治县

（抱由镇）

⑪ 龙敏

龙敏（1951— ）

国作家协会会员。著有长篇
说《黎山魂》等。"海南第
一印"——"朱庐执刲"银
发现者

⑪

大安镇

志仲镇

千家镇

⑧ 林毓豪（1940—1997年）
著名雕塑家。获全国性及省市大奖20
余次，多件作品被国内外收购收藏

⑫ 孔见（1960— ）
中国作家协会会员。著有《海
南岛传》，以及《卑微者的生
存智慧》《赤贫的精神》《水
的滋味》《河豚》等作品集

⑤ 邢定纶（1859—1909年）
《崖州志》编纂者之一。其诗文
名噪当时，书法刚劲有力，远近
闻名

邢定纶故居 ▶

③ 吉大文（1828—1897年）
清咸丰年间中举，开200余年崖州文运
之先河。曾应邀到乐罗、鳌山两书院讲
学，热心于家乡教化

吉大文

吉大文（1828—1897年），字少史，号观察，崖州镜湖（今属乐东九所镇）人。诰授中宪大夫，晋授资政大夫。清道光二十六年（1846年），与胞兄吉大升在琼应试时，二人成绩均名列前茅，被主考官誉为"海滨之秀"。吉大升为道光己酉科拔贡生，与吉大文有"大小吉"之誉。

咸丰元年（1851年），吉大文考中举人，开200余年崖州文运之

吉大文书法

先河。因赴京会试未中，例授内阁中书。后因父母年老，他辞官回乡。他热心家乡教化，应邀到乐罗、鳌山两书院授课，士子多出其门。同治十一年（1872 年），他与乡绅倡捐重修崖州学宫。吉大文有文才武略，知州常咨之以政务、军事。同治和光绪年间，吉大

吉大文

文数次帮助官府平复民乱，后升任知府。光绪四年（1878 年），赴京循例报效，次年五月以道员身份到福建督办税厘总局，同年十月因平息民乱立功，朝廷纪绩推恩，荫封三代资政大夫二品官衔。光绪二十一年（1895 年），为加强福建海防，朝廷令其筹办福建省善后总局兼理营务处。吉大文老成持重，军国庶务综理无遗。光绪二十三年（1897 年），吉大文因积劳成疾卒于行馆，官谥"文献"。光绪三十四年（1908 年），吉大文之子德昭、德坚遵父遗命捐银 1060 两充作官办高等小学堂经费，以此父子济美。经两广总督张人骏奏请，朝廷准予在吉大文原籍为其兴建"急公兴学"牌坊，以昭激劝。

吉大文曾题选"崖州八景"，有《镜湖诗钞》等诗文留世，被列为崖州文苑乡贤。后人评其诗文"雄深雅健"。1962 年郭沫若校正《崖州志》时对其诗作也极为赞赏，誉其不亚于进士之才。

陈峻琚

陈峻琚（1712—1791年），字国华，今乐东佛罗镇人，岁贡。他出身书香门第，天资聪颖，生性好学，因才华出众，被送至琼州府（琼台书院）读书，极受书院掌教的器重。陈峻琚于清乾隆年间到潮州府饶平县任训导，由于教绩显著，升为教谕，再升为候选知县。因母亲病重，陈峻琚未能赴任，遂回乡讲学。他博学多才，精于诗赋，通晓经史，书法也有较高造诣，有"琼南冠冕"之誉，著有《得其树记》《森宝书集》，二者现已散佚。他关心人民疾苦，目睹家乡旱情严重，便跋山涉水勘察测量，查明水文，带领农民开通增银沟、老郑村沟、老蓝田沟10余千米，引白沙溪、溪子水灌田3000余亩。这些沟渠直到今天仍在发挥作用。《感恩县志》中有其传记。

张㠏

张㠏（1854—1917年），原名镜清，字蓉舫，号芙初，今乐东黄流镇人，《崖州志》的主要编纂者。他出身贫苦，聪明好学，胸怀大志。

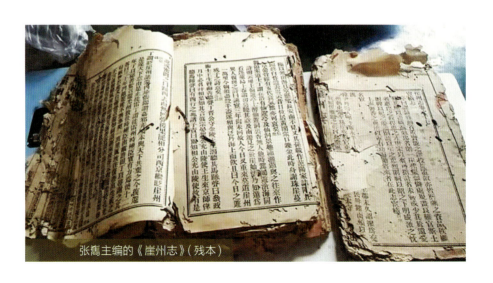

张㠏主编的《崖州志》（残本）

10 岁选入州庠，不久食廪生禄粮，为当时文士所看重。清光绪二十三年（1897 年）赴京城考试，中顺天乡试举人。因故未能参加礼部主持的进士考试，返回家乡后，清廷敕授其为文林郎，拣选知县，但未赴任。掌教崖州鳌山书院，致力于家乡的教育事业，以弘奖后进为己任。时崖州士人，大多出其门下。

离开崖州鳌山书院后，张巂着手筹备和主持《崖州志》的编修工作。他与崖州太守钟元棣筹集巨款，会同邢定纶、赵以谦共同纂修。在编纂《崖州志》的过程中，他到处搜集资料，日夜披阅，稽核史实，撰写志稿，废寝忘食。经过数年努力，终于编成《崖州志》。郭沫若于1962 年点校该志书时，认为该书"在地方志书中尚属佳制"。

邢定纶

邢定纶（1859—1909 年），字仲丹，号佛泉，今乐东黄流镇人，拔贡生，《崖州志》编纂者之一。他聪明好学，17 岁就擅诗能文，弱冠之年，与胞兄同升博士员，不久转为廪生，因成绩优异被送到琼台书院读书，颇得书院掌教器重。

清光绪十一年（1885 年），邢定纶被选拔贡生，次年选试列二等，分到高州府石城县任训导。他才思敏捷，会写骈体文章，每成篇，乡人争相传读，惜今散佚不存。在诗歌创作上，他学习渔洋山人（清王士禛别号）、简斋（南宋陈与义别号）二人的作品和创作技巧，深得其义。在高州任职期间，常和当地士人唱和。曾撰《官士寺》古风一篇，洋洋千言，一挥而就，众人为之折服。他不但诗文名噪当时，而且书法刚劲有力，远近闻名。感恩县令慕其名，请其到县署写书，发给童生为试帖。邢定纶平生著述颇多，其《宦游吟草》两卷、《后游吟草》一卷

邢定纶故居

曾存在族人手里，现已散佚。邢定纶为人正直豁达，对双亲至孝，尊兄爱弟。光绪二十二年（1896 年），美国基督教徒入黎峒，被黎族民众打死，崖州知州派兵镇压，激起黎族民众反抗。知州镇压无果，派邢定纶前往抚慰，事件才得以平息。

光绪二十五年（1899 年），崖州修志书，聘邢定纶和举人张巂及赵以谦共同纂修《崖州志》。他不遗余力搜集资料、修改志稿，并于光绪三十四年（1908 年）撰写《重修崖州志序》。次年因积劳成疾病逝，终年 50 岁。

颜任光

颜任光（1888—1968 年），又名颜嘉禄，字耀秋，今乐东利国镇人。他天资聪慧，从广州岭南大学毕业后，以优异成绩考取公费赴美留学资格，1912 年 9 月入美国康奈尔大学读书，1915 年 6 月获硕士学位，

之后赴芝加哥大学深造，1918 年 6 月获
物理学博士学位。

颜任光

五四运动时期，颜任光任北京
大学物理系主任、教授。我国物理
学界老前辈钱临照对他这段时间的
工作给予极高的评价："物理学的
基础在于实验，1920 年前，我国大
学虽然有物理学课程，但只有讲课。
自从胡刚复、颜任光从美国回来后，分
掌南京高等师范学校和北京大学，开始在两校
建立物理实验室，从此我国物理教学走上正轨，当时有'南胡北颜'之
誉。"1926 年 7 月，他调往上海，此后历任上海建设委员会专门委员，
上海光华大学副校长兼物理系主任、教授等职。1927 年，颜任光应朱
旭昌之邀，与丁佐成等人共同创办了上海大华科学仪器公司，并任总
工程师。1932 年 12 月至 1935 年 12 月，颜任光任国民政府交通部电政
司司长，对修复、改造南京、上海的电路作出重大贡献，他还排除了
上海真如国际无线电台的故障。此后，他历任上海资源委员会专门委
员、技术顾问、代总经理，经常往来于香港、重庆、海南等地，负责
审核材料。1948 至 1949 年，他应聘回琼出任私立海南大学第一任校长，
其间，和胞弟颜任明在家乡创办光明小学，促进了家乡教育事业的发
展。颜任光著述颇丰，是全国大学丛书委员会 55 位委员之一。

中华人民共和国成立后，颜任光辞去香港某洋行的技术顾问之职，
回内地参加社会主义建设。他再到上海大华科学仪器公司，任研究室
主任，后在华东工业部电器管理局担任电表制造指导。1953 年 2 月，

任上海电表厂副厂长兼总工程师。他曾试制成功开关板张丝式电表、电子自动控制记录电表、电子电桥式自动记录周率表等产品。颜任光对发展中国仪器仪表事业作出了重大贡献。

林毓豪

　　林毓豪（1940—1997年），著名雕塑家，国家高级美术师，中国美术家协会和中国雕塑学会会员，海南大学客座教授。1940年9月，他出生于今乐东黄流镇，家境贫寒。1964年毕业于广州美术学院，同年被分配到广东省工艺美术研究所工作。1970年又调往广州雕塑院从事专业创作。

　　1981—1990年，林毓豪举办了四次个人作品展，参加了两次联展。至今已有百余件作品参加国内外各类型美术作品展。林毓豪获全国性及省市大奖20余次，多件作品被国内外收购收藏。其作品入选《中国新文艺大系·美术集》《世界雕塑全集》等，个人资料及作品被载入《世

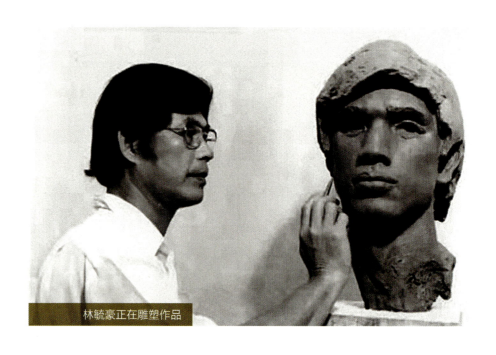

林毓豪正在雕塑作品

界当代书画名家大辞典》《世界当代书画名家作品选集》《国际现代书画篆刻家大辞典》等多部艺术辞典和名人辞典。他出版了《林毓豪雕塑集》,《广东美术家丛书》有他一席之地。林毓豪完成雕塑作品 300 多件,代表作为《南京雨花台烈士纪念碑》原稿、《鹿回头》《新花》《奶汁》等。林毓豪的 30 多件大中型室外雕塑、纪念碑分别矗立在南京、西安,以及广东、海南等地。他还创作了 500 多幅水彩画,代表作为《生命之诗》《石体浮想·自然·人》等石体系列和树体系列。其雕塑隐秀耐看、内涵丰富,水彩画富有哲理。

邢福义

邢福义(1935—2023 年),乐东黄流镇人,教授,博士生导师。他 1956 年毕业于华中师范学院(现华中师范大学)中文系中文专修科,2000 年起担任教育部百所人文社科重点研究基地之一华中师范大学语言与语言教育研究中心主任、《汉语学报》主编。他主攻现代汉语语法学,同时研究逻辑、修辞、文化语言学和其他相关问题。

邢福义

邢福义主张"研究植根于汉语泥土,理论生发于汉语事实",坚持走自我创新的道路,追求研究中显现学派意识。数十年来,着力于学术"据点"的建立,以及研究路子、研究方法的探索,重视研究理念的总结与提升。其在语言学界影响最大的研究成就可以概括为"小句中枢"理论和"两个三角"学说两大方面。他曾承担多个国家级课题，发表文章 470 多篇，出版著作 50 部，其中个人独著 21 部。邢福义独撰的作品四次获得中国高校人文社会科学优秀研究成果一等奖。2010 年 11 月，邢福义被湖北省委授予"首届荆楚社科名家"荣誉称号。

2011 年，邢福义作为首席专家，主持国家社科基金重大项目"全球华语语法研究"。经过艰苦努力，邢福义带领研究团队完成了中国台湾、香港、澳门三个地区以及新加坡、马来西亚、美国三个国家的调查，并将调查结果编著成六卷《全球华语语法》。

张跃虎

张跃虎（1948— ），汉族，乐东黄流镇人，出版专业编审，出版有社会人类学著作《珠崖田野上的华夏魂——琼南乡土社会之履历沧桑》、散文集《月亮雨》、黎歌汉译集《五指山风》，1984 年 10 月加入广东省作家协会。张跃虎当过农民、教师、歌舞团创作员、文联秘书、报社记者，以编辑为业逾 30 年。

1965 年，张跃虎在一个偏远的小黎村参加"四清"运动，学会杞黎方言，由此开始民间文学方面的田野调查，其研究范围涉及新诗、散文诗、古体诗词、歌谣、散文、小说、民间故事等，旁及社会学、人类学、民俗学、文化学、方言、书法、歌舞等领域。其著作《珠崖田野上的华夏魂——琼南乡土社会之履历沧桑》出版于 2009 年，有 60 万字、600 幅图片、800 多页。这是一部厚重的原创性社会人类学专著，是张跃虎在历时近 40 年的田野采风基础上，搜集、阅读大量相关文字资

张跃虎

料，呕心沥血 8 年精心打磨完成的。该书横跨地理、历史、政治、经济、文化等多个领域，涉及社会学、人类学、民族学、语言学、考古学等诸多学科，宛如一座古远苍茫、特色鲜明的"琼南乡土社会大观园"。

孔见

孔见（1960—　），原名邢孔建，汉族，乐东佛罗镇人。孔见曾任《海南开发报》副总编辑、《新东方》杂志常务副主编、《天涯》杂志社社长、海南省作家协会主席，现为中国作家协会会员、海南省文联副主席，主要从事小说、随笔、诗歌创作。

2020 年，孔见的《海南岛传》出版。该书是一部向外界介绍海南岛历史的佳作，其意义不仅限于海南一隅。《海南岛传》回归了中国传统文人的写作传统，并在新时代下与时俱进。该书对国内目前颇为流行的人文历史写作有一定的借鉴意义。

此外，孔见还著有随笔集《卑微者的生存智慧》《赤贫的精神》，诗集《水的滋味》，小说集《河豚》，传记作品《韩少功评传》等。

孔见

关义秀

关义秀（1946—　），汉族，乐东利国镇人，中国作家协会会员、中国散文学会会员，著有《守望与飞动》《关注绿色》《五色雀》《树之英》《奇甸青史路》《涛声敲窗》《天地一"文"字》等八部著作，其中散文集《守望与飞动》被中国现代文学馆永久收藏；《关注绿色》一书从不同视角展开农业结构调整、生态环境保护和知识经济等话题，既有思想品位，又具艺术价值。2018 年，其历史散文《丘濬：遥远的回响》发表于《中国作家》杂志，写尽家乡的风雅与鲜活。

关义秀比较了解黎族生活，对黎族文化也有深入的研究。他创作的黎族题材长篇小说《五色雀》，生动深刻地叙写了特定年代的黎族传奇，塑造了性格鲜明的人物形象，致力于探寻黎族文化的根。该书用抒情笔法写作，是海南省第一部由非黎族作者撰写的黎族题材长篇小说，

关义秀

对本土文化及黎族文化题材进行了深入发掘。

龙敏

　　龙敏（1951 — ），黎族，乐东人，海南黎族第一代作家，中国作家协会会员，著有长篇小说《黎山魂》、中篇小说《黎乡月》、短篇小说集《青山情》等。1984 年，龙敏在海南黎族村寨开展文物普查工作时，发现了被誉为"海南第一古印"的国家一级文物"朱庐执刲"银印。

　　龙敏长期致力于搜集整理黎族民间故事、神话传说、民歌、谚语等，为人们了解黎族民间传统文化开启了一扇窗。其长篇小说《黎山魂》首开黎族文学史上"宏大叙事"之先河，成为人们了解黎族生活和历史的一部不可多得的作品。《黎山魂》获海南省优秀精神产品奖。

龙敏

乐东美景

三湾之美
热带雨林
明媚河山

三湾之美

龙沐湾

  龙沐湾位于乐东黎族自治县佛罗镇，距尖峰岭国家森林公园仅 8 千米，拥有 33.7 千米的美丽海岸线，是海南省西部难得的临山海湾。龙沐湾地处热带季风气候区，这里长夏无冬，光照时间长，有明媚的阳光、纯净的空气、碧蓝的海水、洁白的沙滩，自然生态环境首屈一指，以山海互动的旷世美景被人们所熟识。

  龙沐湾有着"最美的落日海滩"之美誉，是三亚以西具备绝佳景观资源的养生海湾。落日时分，暮云合璧，椰风裹挟着海浪的气息

龙沐湾：落日熔金，暮云合璧

徐徐吹来；海天交接处，色彩斑斓的云霞姿态万千，奇异变幻，仿佛一支神奇的画笔，以天空为画布肆意挥洒，将自然界中一切常见的事物幻化为一幅幅超乎想象的画面，造就了一场场视觉盛宴，引人无限遐思。

龙腾湾

龙腾湾跨乐东黎族自治县黄流、利国两镇，属热带季风气候区，

年平均气温 25℃，全年光照充足、热量丰富，且雨量充沛。海湾地势平坦，全长 20.5 千米（即从望楼河出口至黄流镇尖界盐场出水口），沙滩白沙等级为二级。

碧海白沙，清风细浪，让龙腾湾多了一种别样的温柔。这里一年四季风平浪静，适于建设成为集热带滨海旅游度假、水上竞技体育、自然与人文生态交相辉映的多元化旅游胜地。游人可在这片海滩上或漫步赏景，或追逐嬉戏，享受与大自然和谐相处的惬意。

龙腾湾

龙栖湾

　　龙栖湾地处乐东黎族自治县东南海岸，东边与三亚市相连，距离三亚市中心 65 千米，海岸线长约 30.1 千米，面积 31 平方千米，沙滩白沙等级为二级。龙栖湾邻近粤海铁路、海榆西线国道、环岛西线高速公路，交通便利。此地适宜开发建设热带滨海旅游度假、水上游乐、山地高尔夫球场、酒店等项目。

　　龙栖湾位于大三亚旅游经济圈内，是一个纯净的魅力湾区；相对石梅湾、香水湾、清水湾等东线成熟湾区，其地理环境优势显著——地处北纬 18 度以南，常年保持 25.5℃ 的怡人气温，日照充足。

　　龙栖湾沙滩平坦，细沙洁白，海水蔚蓝，一年四季风平浪静，是一个风景优美的自然海湾，是滨海旅游的绝佳之地。在这里，你可在海边静候日落，欣赏彩霞满天的壮丽景象；也可登高望远，欣赏辽阔的北部湾美景。

热带雨林

尖峰岭国家森林公园

尖峰岭国家森林公园位于海南岛西南部，以神秘的热带雨林、神奇的自然景观、独特的气候条件、山海相连的地理优势著称于世。尖峰岭地区自然生态环境条件独特，从海边至尖峰岭林区约 15 千米的水平距离内，年平均气温从海滨的 25℃ 降为山顶的 17 ~ 19℃，年平均降水量从海滨的 1300 毫米增至山顶的 3500 毫米。尖峰岭热带原始雨林总面积 600 平方千米，主林区面积 260 多平方千米，为中国现存面积最大、保存最完好的热带原始雨林。

尖峰岭是中国热带森林的典型代表，被誉为"热带北缘生物物种基因库"。林海中树根奇形怪状、盘根错节，藤蔓互相缠绕，形成一道道天然屏障。这里森林植被茂密，有植物 2800 多种，约占全国植物物种总数的 8%，仅维管植物就有约 2000 种，热带珍贵树种有 80 多种。在海拔六七百米的河谷地带，密集生长着坚硬如铁、千年不腐的石梓、黄檀等优质乔木。这里还有与恐龙同时代的"植物活化石"——桫椤，

尖峰岭古树

它们几米或十几米高的主干往往从山涧中昂然挺出。这里还有四大类人猿之一——海南黑冠长臂猿，以及云豹等珍稀动物 16 种，还有鸟类近 150 种，昆虫 4000 多种。

海南尖峰岭热带原始雨林近年来越来越受到国家及世界的重视。1992 年，尖峰岭被林业部（现国家林业和草原局）批准建立国家级森林公园，成为中国唯一以热带雨林为特征的森林公园，后成为 2021 年设立的海南热带雨林国家公园的主要核心保护区之一。从 1993 年 1 月 1 日开始，海南省全面禁伐天然林，并在当年出台的《海南省旅

尖峰凌云

游发展规划大纲》中确立尖峰岭旅游中心系统为海南省六大旅游中心系统之一。尖峰岭正在成为人们森林旅游探险的最佳去处。尖峰岭旅游区全部建成后，必将成为海南、成为中国乃至世界的一个旅游热点。

佳西岭自然保护区

佳西岭自然保护区位于乐东北部，东连莺歌岭省级自然保护区，西与尖峰岭国家森林公园隔江相望，北接霸王岭国家级自然保护区。佳西岭自然保护区海拔 1000 米以上常有浓雾，年平均气温为 23℃，极端低温为 1.1℃，极端高温为 37.5℃；年平均降水量为 1559 毫米，年平均湿度为 80%；这里是黄壤土，土层深厚，土壤肥沃，有机质含量高。

佳西岭自然保护区山势巍峨壮观，有名的千米以上山峰共 10 座，最高的猕猴岭海拔 1654 米，常年云雾缭绕。由于山高谷深，人迹罕至，该保护区内保留着热带原始雨林特有的自然景观，生物物种丰富，植被有 4500 多种，主要珍贵树种有坡垒、海南紫荆木、海南黄花梨、乐东拟单性木兰、南亚松、竹叶松等，尤其是生长成片的翠柏与海南五针松混交分布，这在海南全岛绝无仅有；主要珍稀动物有海南黑冠长臂猿、巨蜥、蟒蛇、水鹿、猴子、黑熊和孔雀雉等 100 多种。

在佳西岭自然保护区茂密的原始森林中，有三条红水河，终年流水潺潺。该保护区内的红水河谷，长不过 1 万米，落差却有 1500 多米，两岸陡坡峭壁，瀑布飞流直下；繁茂的雨林树丛中，偶见群猴跳闹枝头；河底石头遍布，石面平滑光洁；山间山泉涌流，多有池潭，景色优美。佳西岭自然保护区可谓人们进行森林探险和自然生态游的绝佳之地。

佳西岭参天古木

佳西大瀑布

明媚河山

昌化江晓

赏昌化江，春晓最佳。3月，是昌化江木棉花盛开的时节。此时的清晨，木棉花开遍昌化江两岸的碧绿田畴，染红一江春水，映红澄澈碧空，向世人展现出昌化江春晓唯美的画面。在木棉花季，游人皆被漫山遍野火红娇艳的木棉花深深吸引。若是自驾于此，仿佛穿梭于一团团火焰之中，又恍如置身于世外桃源，如梦如幻，别有一番情趣。

昌化江晓，木棉花开

暮色中，佳西岭远山如黛，昌化江缓缓流淌

　　远山如黛，近水含烟。行至此处，田间地头、路边江畔不时闪现一棵棵树干挺拔的木棉树。木棉花开时节，每遇山岚微茫，江畔木棉一片花影迷离，分外动人心弦。

天池秋月

　　尖峰岭天池位于尖峰岭海拔800米的高山盆地，与北部湾相隔25千米。天池是热带雨林里海拔最高、面积最大的高山湖，面积40公顷，最深水位20米左右，年平均气温20℃。天池四周被18座千米奇峰环

尖峰岭天池的湖光山色

抱，势若星拱；池中则为一泓碧水，纤尘不染。平静的湖水似一面明镜，蓝天白云、青山绿树倒映其中，山、水、树、天融为一体，妙景天成。

尖峰岭天池的夜色悠然而静谧。明月悬空，天池浮月，在如银的月色下，游人仿佛置身仙境，在不由自主的深呼吸中，感受着大自然的脉动；沿着天池的栈道徒步，目之所及，月朗星稀；心之所感，夜静山空，仿佛脱离了凡俗，享受着尖峰岭天池独特的夜色温柔。

青岭观海

　　青岭位于乐东和三亚的交界处，岭下有美丽的龙栖湾。青岭是欣赏龙栖湾海景的最佳位置。早晨站在山顶俯瞰，岭下的海湾像一面明镜，在阳光下熠熠生辉。随着气温升高，海面上水雾升腾，白云平铺万里，海浪时隐时现，云海浮波，一轮红日犹如一个巨大的玉盘悬浮在海

青岭观海

天之间。

　　每当夕阳西下，晚霞在天边徐徐铺展，像滴在淡蓝色布匹上的红颜料，由浓渐淡，温润地晕渲开来；又柔美似仙女轻挥的红纱水袖，铺洒在层层云海之上。瞬时，夕阳向天空射出万丈红光，染红了青岭，染红了大海，为游客奉上了一场视觉盛宴。

「非遗」民俗

"非遗"文化

崖州民歌

崖州民歌是海南省地方民歌中的古老歌种，流行于三亚崖州以西、乐东沿海等古崖州属地及东方感城一带。北宋开宝五年（972年），改振州为崖州，隶属琼州，州治设于今三亚市崖城区，领宁远、吉阳两县（今黄流、三亚一带）。产生、流传在这一带的民歌统称"崖州民歌"。崖州民歌为汉语民谣，初为崖州客人（汉人）用方言咏唱，格律异常严谨且自成一体，后在乐东沿海一带流行，并向四周传播。数百年来，崖州民歌是盛行于乐东、三亚、东方等县市的最重要的民间艺术形式，尤以乐东最盛，乐东每个村寨都有崖州民歌好手。

崖州民歌有号子、叫卖调、拉大调、柔情调、嗟叹调、哼小调等，常见曲目有《十送情郎》《梁生歌》《孟丽君》《驻春园》等，曲调优美动听。这种以口头传唱和手抄文本流传至今的民间歌谣，歌词多为七言，题材广泛，内容丰富，从人文历史、自然风光到生产劳动、社会生活，涉及多个领域。崖州民歌表达了当地人民的思想感情、要求和愿望，反映了其对美好生活的热爱和追求。在这里的田野街巷里，在婚嫁仪式上，在市集中，随处可听到或悠扬婉转或诙谐有趣的崖州民歌。民间对歌艺人具有很强的口头即兴创作能力和应变能力，对歌内容随意，即兴唱答，他们能够通宵达旦对唱不停，在民间文化中堪称一绝。

崖州民歌是海南地方民歌中的瑰宝，作为古崖州文化的重要组成部分，崖州民歌对古崖州历史、文化、民俗、艺术等方面的研究具有重要意义。2006 年 5 月 20 日，崖州民歌入选第一批国家级非物质文化遗产名录。

崖州民歌对唱

黎族传统纺染织绣技艺

2006 年 5 月 20 日，黎族传统纺染织绣技艺入选第一批国家级非物质文化遗产名录。2009 年 10 月 1 日，黎族传统纺染织绣技艺被联合国教科文组织列入首批"急需保护的非物质文化遗产名录"。黎族传统纺染织绣技艺作为珍贵的世界人类文化遗产，已成为享誉全球的海南特色和黎族文化的重要标识。

黎族传统纺染织绣技艺包括纺、染、织、绣四大工序。纺，即纺纱，把棉花脱籽、抽纱，再把纱绕成锭。染，即用植物染料、动物染料和矿物染料等三种黎族传统的染料染色。织，即用简单轻巧、容易操作的踞织（腰）机织布。绣，即刺绣。黎族的传统刺绣有单面刺绣和双面刺绣两种，可根据针法、绣法和面料分为三个层次，把绣法、色彩、图案三者融为一体。经过纺、染、织、绣四道工序后的成品即为黎锦。黎族刺绣工艺精湛，图案朴实自然，具有独特的民族艺术风格。

黎锦图案可分为两大类：一类主要是妇女服饰上的各种花纹图案，以人形纹、动物纹、植物纹、生产工具纹，以及三角形、菱形等多种几何图形的纹样居多；一类是刺绣在龙被、织锦壁挂、织锦挂包和各种装饰物上的图案，以人形、龙、凤、鹿、青蛙、树木花草、雷电日月水火等纹样居多。

黎族传统纺染织绣技艺是文化的活化石，也是黎族人民对中华民族卓越的贡献。千百年来，黎族纺染织绣技艺不仅为全体黎族女子所传习，更是黎族女子必须具备的一项基本技能。黎族是一个只有语言没有文字的民族，从某种意义上来说，黎锦是其独特的史书。传统黎锦，从纤维材料到染色材料，绝大多数取自周边山野沟壑，只有少量色丝从外面市场购入，可以说是最具原生态的天然织品。

黎锦图案

传承

崖州棉纺布

崖州棉纺布，为琼南古崖州棉纺织的历史产物，是崖州文化体系的重要组成部分。从某种意义上说，崖州棉纺织技艺可谓上海国家级"非遗"乌泥泾手工棉纺织技艺的源头。古崖州棉纺织历史十分悠久，这与海南盛产攀枝花木棉有关，此外野生灌木棉、随古海上丝绸之路从印度传入的亚洲棉也促进了崖州棉纺织技艺的发展。

商周秦汉至唐宋，棉布纺织生产逐渐成为海南主流，而中原主丝绸之织，同时使用葛、麻、毛等制线纺纱织成布帛。到了元明时期，棉花及棉纺织技艺才在江南及中原多地区发展并普及开来。元代王桢《农书》记载，木棉（指草本木棉）"其种本为南海诸国所产，后福建诸县皆有，近江东、陕右亦多种，滋茂繁盛，与本土无异"，自此，棉布"不蚕

崖州布

而绵，不麻而布，利被天下"。而这应归功于宋末元初的黄道婆。

黄道婆，松江府乌泥泾（今上海市华泾镇）人，出生于南宋淳祐五年（1245 年），年少时流落到了崖州，当地的棉纺织技艺引起她极大的兴趣。为此，黄道婆在崖州学习棉纺织技艺。在客居崖州 37 年后，黄道婆回到家乡。她根据松江当地棉纺织生产情况，利用她在崖州学到的棉纺织技艺，革新了棉纺工具，并向家乡人传授改进后的棉纺织技艺，从而促进了江南乃至中原的棉纺织生产。黄道婆革新的棉纺工具，是当时世界上最先进的棉纺工具，比欧美等许多国家的先进棉纺生产工具早出现四五百年。黄道婆的革新迅速推动了长江下游棉纺业的发展，掀起了持续数百年的被海内外学者称誉的"棉花革命"，使棉织品取代麻织品成为生活必需品。黄道婆也因此被联合国教科文组织誉为"世界级的科学家"。

黄道婆在崖州的生活情景。海南省博物馆展品

黎族藤竹编

根据史料记载，早在唐代，海南就有人以野鹿藤手工编成饰有花卉、鱼虫、鸟禽等图案的帘幕，技艺精美。唐开元至北宋元丰年间，海南民间出现了多家藤编作坊，学习藤编的人日益增多。清代《黎民图册》记载："黎生黄白二种藤，产于石岩之上，长数丈，外贩选察其中，雇黎人采取。黎之无业者，竞趋之，黎内生产藤为最饶。"黎族藤竹编技艺主要包括藤编和竹编，是黎族传统手工艺特色文化的重要组成部分，2010年入选海南省第三批省级非物质文化遗产名录。

以藤编为例，藤编用的藤条不止一种，像小白藤一样细的藤条用于器具主体的编织，此外还需要黄藤等更粗的藤条来搭骨架。藤编的第一步是采藤条，接下来要把它们晒上两三天，再用水浸泡，使之变得柔软，然后进行削刮，使之粗细均匀、光滑好用。拿着用粗藤条搭好的骨架，藤艺匠人便会坐下来，织上奠定器具轮廓的经线藤条，再绕着它们一起一伏，细密地编上纬线藤条，往返穿插，层层递进，一根根藤条在灵动的巧手翻飞腾挪后，黎家人便有了自己轻便又耐用的腰篓、箩筐、米筛、鱼篓、菜篮、灯笼、簸箕等用具。

黎族藤竹编技艺体现了黎族人民心灵手巧的一面，这些制品在以往黎族人民的生产生活中不可或缺。黎家人稼穑捕鱼、婚丧嫁娶，无不用到这些藤竹编制品。如婚嫁时，要提着装满槟榔、糖果、烟等物品的竹编提篮，寓意物质丰盛、生活美满。

大安剪纸

大安镇黎族剪纸艺术闻名省内外，2017年入选海南省第五批省级

乐东县的黎族竹编器

大谷箩

鱼笼

书（衣）箱

非物质文化遗产代表性项目名录。研究黎族文化的学者认为，黎族剪纸以"刻"为主，与黎族先民早期的"镂刻"一脉相承，其源头可追溯到千年以前，因此可以说乐东黎族剪纸是一门古老的艺术。

大安剪纸在过去与当地的宗教信仰等有着密切的关系，曾在丧葬时大量使用。如今的大安剪纸是传统文化和现代文明交融后绽放出的美丽花朵。剪纸艺人熟悉黎寨的生活和风俗习惯，其作品把熟悉的场景组合成一幅幅具有浓郁黎族生活气息的画面，散发着泥土的芬芳，显示出大安黎族剪纸的独特个性和地域特点。大安剪纸可谓"刀尖上"的民间艺术瑰宝。

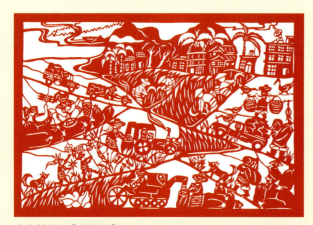

大安剪纸：《秋收忙》

大安剪纸：《县城文明祥和街一角》

大安剪纸：《妈妈出征了》

大安镇于 1996 年 11 月被文化部（现文化和旅游部）命名为"中国民间剪纸艺术之乡"，是海南省唯一的民间剪纸艺术之乡。300 多位黎族农民创作出上千幅作品，其中不少精品入选"全国首届民族民间剪纸大奖赛"和"中国民间艺术一绝"等展览。大安镇黎族农民近百幅作品入选《海南黎族现代民间剪纸》画集，其中羊永生创作的《磨谷》在北京参加"全国首届民族民间剪纸大奖赛"后，被选送日本展出。《避邪图》等 30 幅剪纸作品参加中国"艺术之乡"艺术精品展示。2014 年，乐东大安中学学生卢泽辉的作品在"第四届国际剪纸艺术展"中荣获金奖。

大安黎族剪纸艺术培训基地

乐东非物质文化遗产及民俗分布示意图

黎族竹编器：书（衣）箱

国家级
非物质文化遗产

崖州民歌

黎族传统纺染织绣技艺

黎锦

罗马妈祖庙

黎族民间故事

黎族藤竹编技艺

黎族传统剪纸艺术

乐东黎族自治县

● （抱由镇）

大安剪纸：《秋收忙》

黄流花灯

民 俗

◇ 黄流元宵花灯文化节

◇ 莺歌海龙舟文化节

◇ 罗马妈祖文化节

莺歌海龙舟赛

中国国家人文地理

璀璨艺术

千家调

黎族民歌的形成和发展与黎族的语言紧密关联。在漫长的历史进程中，黎族人民创造了绚丽多彩、个性鲜明的民间优秀传统特色文化，千家调便是其中一朵奇葩。黎族人民自古以来就是一个热爱歌唱的民族，美丽的黎乡素有"歌海"之称。黎族人四五岁便开始学唱民歌，形成了年幼学歌、青年唱歌和年老教歌，父教子、母教女、祖教孙的传统歌唱习俗。北宋元符三年（1100 年），苏东坡结束琼崖贬居之时，黎族百姓欢送他，他在其《将至广州用过韵寄迈迨二子》一诗中就曾写下这样的诗句："蛮唱与黎歌，余音犹杳杳。"

千家调韵律独特，曲调丰富且高亢开阔，旋律优美，风格独特。其题材十分广博，内容极其丰富，历史人文、自然风光、劳动生产、时政世态、社会生活、婚恋情思、祭祖敬神、道德礼仪和神话传说等无不涉及，无所不歌。千家调在乐东黎族人民的生活中占有重要地位，是反映各个历史时期黎族人民生活、情感及风情习俗的一面镜子，是黎族劳

黎族妇女在木棉树下唱千家调

动人民集体智慧的结晶。千家调世代相传，不断丰富和发展，是一种极具民族特色的民间文艺形式。

黄流花灯

黄流花灯是乐东地方传统民俗文化活动，属于元宵灯的一种。黄流花灯原为庆贺家中添了男孩而制作并悬挂的小灯笼，灯笼的数量即为前一年内家里出生的男孩数量。据研究，黄流花灯始于清咸丰年间元宵闹花灯节，至今已有100多年历史。2004年，黄流花灯入选《中国民间艺术之乡概览》一书，走进了中国经典民间艺术的殿堂。

黄流花灯凝聚着黄流文化人和民间艺人的匠心。最初制作时，要用削薄的竹片、废铁丝来扎框架，剪彩纸糊形状，造型相对单调，功能也比较单一。随着时代的发展，到后来，酒瓶、透纱布等都成为制作材

黄流花灯夜景

料。用铁丝或者竹片扎出框架后，把酒瓶削去一半放至花灯内，用捣烂煮熟的糯米填底、固定酒瓶，再用捻好的棉线做灯芯，往酒瓶中倒进海棠油，再用透纱布罩住框架。这样，一盏花灯才算完成初步的制作。但要把花灯做得灵动，还需要用铁丝连接酒瓶，在灯外做成一个手把，以便手工转动灯芯。点燃灯芯，持灯的人转动手把，花灯内灯火摇曳，赏玩花灯的乐趣正在于此。后来，花灯技艺进一步发展，电灯泡取代油灯，花灯制作有了质的飞跃。现在的花灯集声、光、电，形、神、色

黄流花灯

于一体，成为一件综合艺术品。五彩斑斓的灯笼折射出七彩祥光，各

式各样的造型寓意着人们的美好愿景。

崖州织绣锦

海南岛黎族民间织锦有着悠久的历史。南宋诗人范成大在其《桂
海虞衡志》中记载的"黎幕""黎单"，在宋代已走俏大陆，黎单更是
受到欢迎，"桂林人悉买以为卧具"。

袁金华收藏的织具

　　黎锦堪称中国纺织史上的"活化石"，历史已逾3000年，是中国最早的棉纺织品。黎锦古称"吉贝"布、"崖州被""棉布"，早在春秋时期就盛行于世。其棉纺织技艺领先中原1000多年。海南岛因黎锦而成为中国棉纺织业的发祥地。黎锦服饰异彩纷呈，包括筒裙、头巾、花带、包带、床单、被子（古称"崖州被"）等。用黎锦和单、双面绣布料制作的黎锦筒裙本身就已绚丽多彩，黎族妇女还要在上面镶嵌云母片、贝壳片、银片、琉璃珠等饰品。穿上镶嵌这些饰品的筒裙，走路或跳舞时熠熠生辉。润方言区（白沙一带）黎锦筒裙是所有黎方言区的筒裙中最短的，可谓最早的超短裙。

　　黎锦精细、轻软、耐用，古语称"黎锦光辉若云"。黎族织锦艺术充分显现了黎族妇女的创造才能和艺术造诣。每件黎锦艺术品都是黎族妇女辛勤劳作的结晶，也是黎族妇女智慧的集中体现。每逢民俗节

袁金华收藏的织绣锦

日，或是婚礼盛会时，姑娘们总是三五成群聚在一起，穿戴着美丽的服饰，展示自己的织绣才华。织绣技艺超群者，被誉为"织绣能手"，在赢得赞美和尊敬的同时，还能得到青年男子的青睐。每当一对情侣定情之时，姑娘总是把自己织出的最满意的花带或者头巾亲手送给"帕曼"（黎语：男青年），以示对爱情忠贞不渝。

黄流制陶

在民间，传统陶器一直与人们的生活紧密相连。古崖州地区的烧窑历史源远流长，特别是掩埋在黄流镇新民村地下的古窑，据考证距今已超千年。古崖州窑陶器源于黄流镇新民村，当地土质好，烧制出的陶器光泽亮丽，用手指敲起来当当响，且耐用不易渗水，所以远近闻名，供不应求。新民村出产的陶器种类丰富，应有尽有。这种手工制陶的技艺代代流传，新民村的龙窑烟火至今不熄。

黄流窑在海南陶瓷史上具有独特的历史地位。在海南西南部，黄流窑生产的陶器时有出土或出现传世之作。白沙、昌江、东方、五指山等地，都有黄流窑不同时期的作品，可见黄流窑在海南制陶史上的影响力。明代，黄流窑生产的各类陶器极负盛名，一度成为该地区的重要经济支柱，黄流罐更是成为琼南地区陶瓷文化的重要坐标。

黄流窑生产工艺历经多年演变，开始融入新的文化艺术——刻画。

新民村古龙窑烧制的陶器

罐体刻画需要工匠依据各类罐体不同的形制，凭借想象，在较短的时间内，在每个罐体上刻画花纹和水波纹，这些刻画既要保持整体美观，又要讲究线条对称，其精细程度可见一斑。

　　海南古崖州窑陶器有许多器皿作为一种历史文化承载已被海南省民族博物馆、海南省博物馆收藏。2014年1月22日，考古学者李仕严对新民村古窑址进行考古挖掘，一大批唐宋时期的陶瓷片自此重见天日，这些陶瓷片现已被白沙河谷博物馆收藏。

古黄流窑烧制的唐代青釉芭蕉叶纹六系缸

中国国家
人文地理

民间习俗

黄流元宵花灯文化节

黄流元宵花灯文化节堪称当地人的"狂欢节"。农历正月十五、十六之夜花灯游街闹元宵，是黄流素有的节庆活动，是黄流地域文化的重要标志之一。

黄流是"中国民间艺术之乡"，黄流人的元宵节，花灯必不可少。随着时间的推移，花灯的制作水平日渐提高，人们已不满足于单门独户地悬挂灯笼，于是便出现了先是以家族、后是以村坊为单位的元宵灯笼、灯车（早年是牛车运载）环村游。当时流传的"今岁村里（生）男多少，元宵春游灯笼知"的说法，就很形象地反映了黄流花灯闹元宵的盛况。

黄流元宵花灯文化节盛况

早年的黄流花灯节，功能比较单一。最初是展示"今岁村里（生）男多少"、祈求"丁财两旺"，后来逐渐融入了祈盼来年风调雨顺、吉庆祥和平安等方面的内容。过去灯游时，人们用轿子抬着"驱鬼神保平安"的木质关公雕像，牛灯车和手持灯笼的队伍浩浩荡荡，锣鼓声、鞭炮声此起彼伏，围观的人们夹道欢呼，喜庆的场面蔚为壮观。灯车与灯游，也成为黄流花灯区别于其他地方元宵灯的两大特色，并逐渐发展成为元宵灯节中极富地方特色的文化现象和民俗风情。

花灯节离不开一代代手艺人的坚守与传承。黄流镇很早就划出七个坊来专做花灯。花灯节上，各坊的作品争奇斗艳，一争高下。对于黄流民间花灯手艺人来说，这也是一年一度比拼才艺的盛会。1980年，在当地政府和文化部门的指导下，黄流镇约集了一批熟谙花灯制作的老灯人，他们对传统的花灯设计、制作及内外装饰进行大胆革新，使得黄流花灯元宵游这一传统民俗活动得以全面复苏。此后灯展灯游活动每两三年举办一次，延续至今。

莺歌海龙舟文化节

端午节龙舟赛是乐东黎族自治县莺歌海镇的重要民间活动。提起龙舟的起源，当地人都会很自然地想起妈祖。为丰富群众的文化生活，2015年，莺歌海镇政府创新性地把妈祖文化和端午节龙舟赛结合起来，成功举办了莺歌海首届"妈祖·龙舟文化节"。2019年又举办了第二届。

莺歌海镇面朝大海，拥有有名的天然渔场港湾，渔耕文化比较繁荣。端午节最初可能只在长江下游的吴越民众中流行，后传到莺歌海地区，龙文化逐渐和端午文化交流融合，出现了端午龙舟竞渡的赛事。早在清光绪四年（1878年）端午节，莺歌海就开始举办莺歌海龙舟竞赛。当时，分上、中、下三寮进行比赛。龙舟彩旗高挂，龙头上昂，一声鼓响，只只龙舟乘风破浪疾飞，围观者在岸上呐喊助威，先到终点者胜。

抗日战争期间，竞赛规则做了更改，组织者先在终点放置西瓜、活鸭等物品，比赛开始后，在规定时间内抓获物品最多者为冠军。中华人民共和国成立后，龙舟竞赛规模更大，常常吸引外地群众前来观看。为了便于群众观赏助威，比赛将原来的纵深线改为横向线。改革开放以后，比赛方式又有所改变。1985 年，莺歌海镇政府把龙舟竞赛定为该镇每年端午节的传统体育项目。

莺歌海龙舟竞渡：欢声震地，抢占鳌头

进入农历五月，莺歌海龙舟锣鼓之声便不绝于耳，此起彼伏。竞赛这天，天还未亮，村里的青壮年就划着龙舟，燃响鞭炮，敲起锣鼓，先去庙头妈祖神庙拜神，祈求太平盛世，风调雨顺，老少平安，再去参加竞赛。当龙舟在莺歌海渔港的海面赛区展开角逐时，万人空巷，一片

欢腾。锣鼓声、喝彩声、爆竹声，声震九天。在比赛间歇，十番锣鼓、八音乐队在大艇上发出悠扬乐韵；粤曲与丝竹，娓娓动听，使人心驰神往；锣鼓柜的管乐与敲击乐，铿锵悦耳。在数尺见方的木船平台上，还有醒狮（水狮）表演，醒狮个个骁勇雄健，神采飞扬。

莺歌海赛龙舟盛况

罗马妈祖文化节

罗马妈祖庙，又名天后宫，俗称"婆庙"，位于乐东黎族自治县九所镇罗马村南坊，面朝大海，是海南西南部最大的妈祖庙宇。罗马妈祖庙始建于南宋景炎元年（1276年）。几百年来，其建筑、雕刻、壁画、文献，以及有关的神话故事、民间传说、祭典、音乐、舞蹈、民俗等，无不传承着丰富的人文价值。

罗马妈祖庙占地120平方米，整座庙宇为飞檐楼阁式建筑，土木结构，内为檀香格，外为花梨木，古色古香。庙内端坐着面容慈祥的妈祖娘娘，其左为千里目，右为顺风耳，二者均为天上神仙、妈祖部下。这尊妈祖神像，是由罗马村民组织迎驾船队，千里迢迢回其祖居地福建莆田恭请来的。神龛前方的对联为："后德无疆天并寿，母仪立极圣而

罗马妈祖庙

神。"庙四周建有多座古亭，庙门正对面建有一座大戏台。每逢妈祖诞辰日、羽化日等重大节日，村民都要在这里或举行盛大的戏剧表演，或演唱崖州民歌。

传说妈祖庙原选址在文昌庙位置，且在该处已备齐梁柱、泥土，然而一夜之间，梁柱等自行迁移至罗马港，卦师占卜此地为"莲花宝地"，村民便在此建了这座妈祖庙。相传，我国棉纺织家黄道婆年少时受封建家庭压迫，随未婚夫流落崖州，第一站便在罗马港登陆，客居罗马六年。她是最虔诚的信众，每天都到罗马妈祖庙焚香叩首，为出海的未婚夫及渔民祈祷，保佑其平安，并多次捐巨资修缮妈祖庙，深受百姓的敬仰。据传，今庙前的一棵酸梅树就是黄道婆为方便拜谒妈祖的信众乘凉而栽种的。"文化大革命"期间，庙四周树木都被毁光，唯独这棵树虽多次被人斧劈锯截，但结果总是斧锯断折，酸梅树岿然不动，砍伐者反被斧锯所伤。自此这棵酸梅树无人敢再砍。2012年，当地林业部门认定其为国家一级古树，并予以保护。

据说明永乐三年（1405年）六月，郑和第一次下西洋途中，闻知罗马妈祖庙灵验，便驶船入罗马港拜谒妈祖。他供奉青果，焚香跪拜，又捐金百镒，用以修葺妈祖庙；郑和还捐资修建了一座"望夫亭"，并在亭匾上亲笔题写"海不扬波"四字。

罗马妈祖文化春游活动每年举办一次，信众身着节日盛装，用轿抬着妈祖神像在全村巡游。所到之处，家家户户按古礼在门前设祭桌，供奉青果，焚香点烛，燃放鞭炮，夹道欢迎敬拜，虔诚地感谢妈祖女神带来了一方平安、一份祥和。罗马妈祖文化春游活动旨在宣传中华优秀传统文化，弘扬妈祖精神，对提升村民文化品位和推进乐东农村旅游文化产业发展，推动海南国际旅游岛文化建设有着积极意义。

舌尖美味

特色美食
鲜美百味
长桌欢宴

特色美食

黄流老鸭

　　海南地热，吃鸭有清凉、明目、平肝的功效。自古以来，黄流人就喜欢吃老鸭。黄流老鸭是一道色香味俱全的传统名菜，属于海南菜系，以老鸭佐以姜、蒜、盐等精制而成。黄流老鸭真正享有盛名，则始于20世纪80年代。乐东黄流镇一对夫妇在镇上开了一家老鸭店，由于其选料精细，做法独特，做熟的老鸭肉醇而不腻，深受食客欢迎。20世纪90年代后，黄流老鸭开始风靡海南全岛。黄流老鸭最大特点体现在"老"字上，所选的鸭子，必须是下过蛋一年以上的老鸭。

黄流老鸭

黄流老鸭的来源——海水鸭

黄流老鸭的烹制方法多种多样，但用"白斩"（又称"白切"）方法制作的黄流老鸭皮白肉厚，香气诱人，最能体现原汁原味，因此最为有名，也最适合大众胃口。煮老鸭时要用一些特制配料，用的佐料也有讲究，老汤加碎蒜，放少许辣椒，再挤点金橘汁，味道更好。吃白斩老鸭，一定要就着店里做好的酱料才更好吃。每家店的老鸭味道都不一样，这跟各家店里调配的酱料不一样有一定的关系。

三湾黑山羊

三湾黑山羊产于乐东龙沐湾、龙腾湾、龙栖湾三个海湾地区，以毛色乌黑、肉质鲜而不膻而享有盛名。其做法有白切、清汤、红焖、干煸及涮火锅等多种，做法不同，口味各异。

三湾黑山羊

　　三湾地区近海，土中含盐，这里生长的野草具有特殊的品质。黑山羊长期食用这种野草，故而皮薄肉嫩无膻味且皮下脂肪含量适中。黑山羊肉汤浓稠乳白、气味芳香、味道鲜美，有营养滋补的功效。乐东三湾地区人人喜食黑山羊，无论娶嫁寿丧，还是过年过节，均是"无羊不成宴"。

昌厚咸水鹅

　　昌厚咸水鹅是乐东沿海农户散养在咸水港野地上的本地杂交鹅，以食咸草及半咸盐水中的小鱼虾为主，营养丰富，肉质细嫩，吃起来

昌厚咸水鹅

肥而不腻、醇香可口，既没有普通鹅肉的粗糙感，也没有饲料鹅入口时的"木"感。昌厚咸水鹅为天然散养，不仅肉香，而且连骨头都越嚼越香。人们都喜欢吃昌厚咸水鹅，还把它作为贺年礼品馈赠给亲朋好友。

昌厚咸水鹅的做法主要是"白切"，多数乐东本地人都认为这样更可品出昌厚咸水鹅的醇香原味。吃昌厚咸水鹅的时候，要蘸着秘制佐料入口。这佐料非常讲究，包括蒜、姜、盐、椒、味精和酸橘子汁等，每种用量都有一定的标准，至于具体的制作技艺，各店都有其"独门秘方"。

鲜美百味

黎族甜糟和山栏酒

黎族甜糟系用黎族特产山栏（兰）糯米发酵制成。黎家人将山栏糯米饭，拌以用黎山特有植物做成的酵母，装到竹篮里用新鲜干

甜糟

净的芭蕉叶盖好，等其自然发酵几天，之后再将其密封好放进坛里，半个月后甜糟就做好了。

黎族甜糟营养价值很高，味道醇甜，一般人均可饮用，若加少量红糖及鸡蛋同煮，待鸡蛋熟后一起吃更有滋补作用。黎族妇女坐月子时一定少不了甜糟，甜糟大都提前一个月做，并加少量米酒一起浸，产妇每天吃几大碗，可补气养血。

如果将装在坛里的甜糟深埋地下令其继续自然发酵，一年后甜糟酒便呈黄褐色，再过三五年挖出，甜糟酒就会呈现红色甚至黑色，其时甜糟已经全部化为浆液而变成山栏玉液（山栏酒）了。山栏酒是黎族的"茅台"，黎族人称之为"biang"。山栏酒汇集黎山大自然之精华，具有消食去滞、愈伤生肌、祛湿防病、滋补养身、驻颜长寿之功效，每逢宾朋满座、重大节日或妇女坐月子，人们便以此为礼。饮用山栏酒时用细竹管插入坛中吸食即可。

山栏酒

扁豆酱

乐东靠海，海鲜产品丰富多样，乐东人以当地特产扁豆酱混合这些海鲜制作出来的食品，味道无与伦比，其中最有名的莫过于扁豆酱配鲜鱼。

在乐东沿海乡镇，扁豆酱焖海鱼是必吃的一道海鲜美食，其色泽微黑，味道独特，让人回味无穷。如果是新鲜的龙舌鱼、剥皮鱼，将扁豆酱涂抹在鱼上，放在锅里清蒸即可。出锅之后，扁豆的酱香、海鱼的鲜美完美地融为一体，吃起来满口生香，妙不可言。如果是较大的龙胆鱼、海鳗或是海甘鱼，就把鱼切成块，加一点儿五花肉，再放入扁豆酱，一起在锅里焖熟，鱼香、肉香、豆香，不由让人口舌生津，急欲大快朵颐。此外，扁豆酱煮小鱼，是乐东人最爱吃的一道开胃菜，平时胃口不好不想吃饭的时候，乐东人都喜欢用扁豆酱煮小鱼下饭。

扁豆酱营养丰富，不仅可以用来下饭，对于今天乐东沿海一带的人们来说，还是一种蕴含多种意味的食品。在当地许多成年人心中，扁豆酱不仅是物质匮乏时代的美味食品，更是一种童年记忆，是藏在味蕾中的一缕乡愁。另外，受古崖州文化的影响，当地读书风气浓厚，而扁豆酱颜色似墨，其酸咸苦涩又极像求学路上的艰辛滋味，故被大家称为"识字酱"。从这方面来说，扁豆酱已被赋予一种带有励志色彩的地方文化含义。

扁豆酱

酸豆酱

　　在乐东沿海乡镇，除了扁豆酱之外，还有一种特产即酸豆酱。不同于扁豆酱，酸豆酱是用酸豆树上结出的豆荚果肉加料自然发酵而成的。海南气候常年湿热，身体容易流失津液。酸的食物能敛汗止泻祛湿，可预防因流汗过多而耗气伤阴，又能生津解渴，健胃消食。所以中医认为酸豆有祛热解暑、消食化积、醒脑提神的作用。另外，直接口含酸豆可生津祛暑，清热解毒，消除咽喉疼痛，帮助消化，洁齿固齿。

　　酸豆酱煮鲜鱼汤，原为乐东所独有，后来也传到邻近地区。成熟的酸豆果实中含有一种氨基酸，用酸豆酱和鲜鱼一起熬成的汤有滋补作用，尤其适合孕妇。具体做法如下：将新鲜海鱼洗净后与酸豆酱、酸豆树嫩叶一起放入开水中煮，起锅时再放入酸杨桃、番茄和芹菜。酸豆酱煮鲜鱼汤中的鱼肉爽嫩弹牙，鱼汤清鲜酸爽，让人回味无穷。

长桌欢宴

黎族长桌宴是黎族宴席最高的规格和最隆重的传统礼仪，历史悠久。传统长桌宴是黎族同胞在婚嫁、丰收等重大节庆时举办的筵席，与之配合的各类黎族民俗活动还有古法围猎、捕鱼、童趣泥鳅、古法制茶等。

黎族长桌宴举办的当天热闹非凡。一大早，黎族小伙和阿妹就在村子和村口的稻田里来回穿梭，把长桌、木凳摆放整齐，在数百米长的桌上铺起芭蕉叶、棕榈叶或桌布。长桌似一条见首不见尾的长龙，俨然一道亮丽的风景线。长桌宴所用餐具、器皿多为天然材质：桌子是用竹竿搭成的，酒杯是用较小的竹节做成的，筷子一般也是用竹子制成的。

黎族长桌宴一开席，身着黎族服装的黎族阿妹就会为远道而来的客人斟上黎家美酒——山栏米酒，然后将三色饭、鱼茶、粽子、烤肉、木棉糕、竹筒饭、五脚猪等具有当地特色的美食盛在新鲜的竹筒里逐一摆上长桌，招待最尊贵的客人。

长桌宴期间，还会安排具有黎族传统文化色彩的民歌对唱、竹竿舞表演，客人一边品尝黎家美食，一边欣赏黎家歌舞，还可亲身体验黎家竹竿舞。席间觥筹交错，歌声缭绕，散发出浓郁的黎族饮食文化气息。

黎族长桌宴

海南自贸港
建设中的乐东

发展基础更加坚实
发展动能得到增强
城乡面貌明显改观
自贸港建设成效显著

发展基础更加坚实

乐东三次产业比重变化

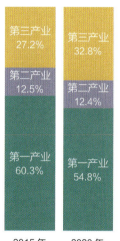

第三产业 27.2%	第三产业 32.8%
第二产业 12.5%	第二产业 12.4%
第一产业 60.3%	第一产业 54.8%
2015 年	2020 年

乐东 2020 年第一产业增加值

82.8 亿 元

同比增长 **3.4%**

占全县 GDP 的 **54.8%**

乐东 2020 年获批地理标志证明商标
9 个

经济发展总体平稳。2020 年，乐东全县实现 GDP 151.1 亿元，人均 GDP 30837 元，较 2015 年分别增长 25.8% 和 21.1%；"十三五"期间，三产比重持续优化，服务业增加值年均增长 4.5%，占 GDP 比重提高 5.6 个百分点。中兴生态智慧总部基地等一批重点项目上马，旅游、商贸等行业增长较快，南繁种业迅速兴起，热带特色高效农业建设全面推进，成为全县重要的经济增长极。佛罗镇被评为国家产业强镇。

农业转型提质增效。2020 年，乐东新增高效农业种植面积 1.5 万亩，稳定常年"菜篮子"基地 4054 亩，实现瓜菜收获 56.8 万亩 81 万吨，水果收获 28.5 万亩 39.5 万吨。畜牧业养殖规模不断扩大，养殖场达 526 家。海水、淡水养殖产量分别为 4421 吨和 10069 吨。建设乐中、乐光、抱伦、福报等农贸市场，拓宽农产品销售渠道。启动南繁核心区配套设施项目建设，打造南繁育制种高地。累计注册农民专业合作社 150 家、商标 60 个、涉农企业 399 家，带动农户从业 3 万人次。获批全国农民合作社质量提升整县推进试点单位、国家级创建乡村治理体系试点示范县。

民生支出

2015 年
32 亿 元

2020 年
46 亿 元

占财政支出

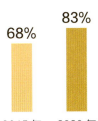

68%   **83%**

2015 年   2020 年

2020 年城镇常住居民人均可支配收入 **30011** 元
同比增长 **8.6%**

2020 年农村常住居民人均可支配收入 **14268** 元
同比增长 **8.0%**

乐东 2020 年推广名优产品
29 个

黑龙江省南繁中心海南基地

乐东田园风光

发展动能得到增强

普及 4G 网络，推进 5G 网络
建设，县城小区、行政村光纤
宽带网络覆盖率达 **100%**

　　基础设施逐步完善。2020 年，五网基础逐渐夯实，314 省道天新线即天涯至新宁坡（乐东段）改建工程开工建设，利用海南西环高铁和货线三亚至乐东（岭头）段开行公交化旅游化列车改造工程项目签订出资建设协议，开工建设"百里滨海城市带"黄流镇墟示范段项目，加快推进抱套河等 2 宗中小河流治理。投

入 3.24 亿元完成电网基建项目，实施龙腾湾 110 千伏输变电新建工程，启动电网架空线入地改造三年行动计划电缆管沟项目。建设天然气站点 2 个，铺设县城、九所新区、龙沐湾等地区燃气管线中压主管道 34.5 千米，安装居民燃气管道 10300 户，实现供气 5617 户。

投资环境不断优化。2020 年，积极推动"两个确保"百日大行动措施政策落实，7 个重点项目实现完工，中兴生态智慧总部基地、龙栖湾新半岛酒店度

32 个单个总投资 500 万元以上的在建和新开工项目，完成投资 **11.66 亿**元，完成率 **93.8%**

路通·财通

新增市场经营主体
4606 户
同比增长 **73%**

假村、海洋牧场等项目有序推进，27 个省、县重点项目完成年度投资计划 13.35 亿元，11 个中央预算内投资项目全部开工。举办 6 批次集中开工和签约项目仪式，集中开工项目 25 个，完成投资 9.71 亿元；签约项目 33 个，涵盖高新技术、农业、医疗康养、美丽乡村、影视乐园等产业。

发展优势逐步增强。聚焦产业融合发展，促进产业转型升级，在构建现代化产业体系上再发力打造热带特色高效农业"王牌"。用好南繁 11 万亩育制种资

源，发挥南繁科技人才为我所用优势，促进南繁科研成果就地转化。加快全国农民合作社质量提升整县推进试点单位、国家级创建乡村治理体系试点示范县建设。积极融入"大三亚"旅游经济圈，以打造"乡村旅游六大板块"和"百里滨海城市带"为主线，加快发展"三湾"滨海休闲旅游产品，注重开发具有乐东特色的精品乡村旅游、森林旅游，形成"山海互动"的特色旅游产业。创建尖峰岭国家森林公园3A级旅游景区，积极打造椰级乡村旅游点和扶贫旅游示范村。

完成"一张审批网"审批事项 **3.26 万件**，"不见面"审批事项 **1.13 万件**

开展海南（乐东）国际旅游消费年活动

乐山乐水"大美乐东城"

城乡面貌明显改观

投资 **1350 万元**，实施抱由和石门水库饮用水水源地水质自动监测站建设，编制完成三曲沟水库等 4 个饮用水水源保护区水质达标治理方案

办结完成中央环保督察移交信访件 **134** 件

生态环境持续改善。2020 年，全面落实"河长制""湖长制""湾长制"，持续开展生态环境"六大专项整治"。完成南丰溪截污并网工程建设，实施县城污水处理厂再生水回用工程和设备改造项目，升级改造沿海垃圾场渗沥液处理站。国控、省控断面水质优良率达 100%。开展大气污染防治"六个严禁两个推进"。全年空气质量优良天数比例为 99.2%，$PM_{2.5}$ 下降至 13 微克／立方米，空气质量排名为海南省第三位。县域生态环境变化基本稳定，生态环境质量考核获中央财政奖励转移支付资金 1.949 亿元，比上年

江北新村

增加 12.95%。

"一巩双创"持续深入推进。2020 年，巩固"国家卫生县城"称号通过复审，社会文明大行动暨文明城市创建测评排名靠前，荣获"省级园林县城"称号，成功创建大安、千家、黄流和尖峰 4 个"省级卫生镇"。开展农村人居环境综合整治，农村和城区环境卫生综合整治排名居海南省前列。启动"国家园林县城"创建工作，新增绿地 2.51 万平方米。继续巩固提升海南省首批健康城市创建成果，不断改善城乡人居环境。编制全县 11 个镇总控规、沿海 6 镇和山区 5 镇统筹协调规划及 17 个试点村庄规划，8 个镇的控规修编成果获批实施。城乡环卫一体化项目正式运营。

社会民生持续改善。2020 年，全面实施全民参保登记计划，城乡居民养老保险参保率达 99%。启动物价联动和防控机制，发放低收入群体价格临时补贴 642 万元。医疗救助、灾害救济、慈善资助等救助体系逐步完善。实施教育质量提升工程，强化师德师风建设，扎实推进义务教育城乡一体化及改薄延续项目。"三馆合一"项目顺利开工。黎族特色广场舞作品《黎家新乐》荣获第 16 届海南省"东西南北中"广场文艺会演一等奖和最佳编排奖。体育竞技累计获得亚洲级、国家级和省级赛事冠军 16 个、亚军 16 个、季军 14 个。

办结完成国家海洋督察移交信访件 **11** 件

实施退塘 **1239** 亩
绿化造林 **1.07** 万亩

推进 **66** 个农村污水处理项目和大安、千家建制镇污水处理厂及配套管网工程建设

城区和镇村垃圾处理率分别为 **100%** 和 **98%**

开展"厕所革命"，改造农村厕所 **8605** 座

城镇、农村最低生活保障人均每月分别提高至 **530** 元和 **350** 元

自贸港建设成效显著

自贸港

2020 年，乐东黎族自治县实施调度总投资 500 万元以上的项目 47 个（含省重点项目 3 个），完成投资 30.85 亿元，年度投资完成率（以下简称"完成率"）达 107%，17 个新开工项目已开工 16 个，开工率达 94%，其中，3 个省重点项目完成投资 3.59 亿元，完成率达 109%。谋划推动四批次 20 个海南自贸港集中开工项目完成投资 7.85 亿元，完成率达 101%。

3大
省重点项目年度
投资完成率

乐东中兴生态智慧总部基地项目

乐东南繁科研育种配套服务区建设项目

乐东龙栖湾智慧海洋牧场项目

129%　　　**120%**　　　**72%**

火龙果基地

『十四五』发展蓝图

发展定位
发展目标
乐东担当

发展定位

为建设自贸港扛起乐东担当,全力以赴承担海南西南部城市的使命与责任,明确"三区"发展定位。

热带特色高效农业试验区

充分发挥乐东热带农业资源和生态品牌优势,牢固树立"三品"意识,擦亮国家现代农业示范区品牌。加快推进现代农业"五化"建设,以热带特色高效农业全产业链发展升级为核心方向,加速热带特色农业高效转型,形成较强的市场竞争力与行业影响力。以高标准设施建设与先进成果转化为核心,支撑海南全球热带农业中心与南繁硅谷建设打造,做大南繁产业。建设国家热带现代农业大基地水利系统,加快完善水利基础设施网络建设,大力破解沿海严重缺水的短板问题,加快实施江河湖库水系循环工程,全面完成农村饮水安全和巩固提升,打造具有特色品牌的热带特色高效农业试验区。充分利用海南自贸港制度优势,做强做优外向型农业经济,打造农业开放发展高地。

"三品"

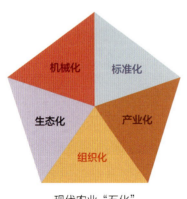

现代农业"五化"

山海互动文旅融合聚集区

按照"行行搞旅游,处处加旅游"的要求,以具有国际吸引力的主题旅游目的地建设为核心,对标国际标准,提升旅游市场国际化水平。推进自然资源、历史文化资源和城乡发展的有机融合,进一步推进"三湾"开发建设,积极引入一批大型主题公园和高端酒店。充分利用特许经营政策，高标准规划建设尖峰岭康养旅游度假胜地，提质升级毛公山红色旅游，推进尖峰岭森林旅游争创 4A 级景区，发展佳西岭乡村生态特色旅游，全面打造山海乡村民俗风情旅游，全力配合推进海南热带雨林国家公园建设，全方位升级旅游产品业态与消费设施服务，构建山海互动的全县旅游大格局，积极主动融入"大三亚"旅游经济圈，推动旅游业跨越式升级，实现全域旅游高质量发展，形成国内外旅游客群，提升消费活力，打造自贸港国际旅游消费中心建设关键支点。

乡村生态特色旅游

辉煌 1 号——集五星级标准酒店和商业街于一体的商贸综合体正在建设中

绿水青山就是
金山银山

高水平生态文明示范区

践行"绿水青山就是金山银山"的发展理念，实行最严格的生态环境保护制度，健全生态保护和修复制度，建立完善生态环境质量巩固提升机制，建立健全生态环境和资源保护现代监管体系。在保护好尖峰岭国家级自然保护地、佳西自然保护地和昌化江等自然生态资源的基础上，

昌化江

坚持适度开发原则，建设好海南热带雨林国家公园。以抱由和尖峰为核心，构建大健康理念、优良生态环境和传统中医融合发展的产业构架，着力推进大健康产业与大数据、大生态、大旅游创新融合。发展壮大特色生态经济，推行绿色生产生活方式，推进全县垃圾无害化处理和污水集中处理。突出乐东地方特色，建设生态文明景区、生态文明园区、生态文明社区、生态文明校园、生态文明乡村。

海南热带雨林国家公园

龙沐湾音乐表演

发展目标

到 2025 年，乐东县域国民经济和社会发展各项主要指标增长速度和高质量发展要求达到海南省平均水平。全县 GDP 年均增长 10% 以上，固定资产投资年均增长 15% 以上，地方一般公共预算收入年均增长 8% 左右，三次产业比重达到 43：17：40，结构趋向合理。

GDP 年均增长
10% 以上

推动自贸港政策落地见效

全力配合做好以贸易自由便利和投资自由便利为重点的海南自贸港制度体系建立工作，深化产业对外开放，创新服务贸易发展方式，吸引国内外投资者到乐东投资兴业。深化重点改革，加强制度集成创新，制度建设水平进一步提高。强化对外开放功能平台，力争将莺歌海港区打造成开放口岸。

建立海南自贸港
制度体系

经济增长效益不断凸显

在提高发展可持续性基础上，主动适应和引领经济发展新常态，保持经济中高速增长。加快旅游业、现代服务业、高新技术产业发展，做强做优热带特色高效农业，服务业增加值占比达到 40%。现代化经济体系初步建立，市场主体更加活跃。

初步建立现代化
经济体系

城乡区域发展更加协调

深化"多规合一"改革，强力推进城市更新行动和乡村建设行动，城镇化水平明显提高，城乡基础设施、基本公共服务和居民收入水平差距进一步缩小，实现巩固拓展脱贫攻坚成果同乡村振兴有效衔接，农业农村现代化建设取得明显成效，实现城乡联动、产业融合、园区带动的新格局。

民生保障水平稳步提升

对标国家和海南省的标准，进一步补齐社会事业短板，提高公共服务水平和质量，全民受教育程度不断提升，卫生健康体系更加完善，确保居民收入增长和经济增长同步，城乡居民人均可支配收入年均增长 10% 以上。全县人均预期寿命达到海南省平均水平。

人均可支配收入
年均增长 **10%** 以上

精神文明程度明显提高

社会主义核心价值观深入人心，高水平的公共文化服务体系初步形成，人民思想道德素质、科学文化素质和身心健康素质明显提高。

生态环境质量持续优化

倡导绿色低碳生产生活方式，能源和水资源消耗、碳排放和主要污染物排放达标。森林覆盖率不低于 65%，大气、水体和近岸海域等环境质量保持海南省一流。

森林覆盖率
不低于
65%

社会治理体系加速完善

大力营造一流营商环境，优化政务环境，健全社会信用体系、公共安全体系等监管体系。全面加强法治社会建设，打造公正、透明、高效的法治环境。强化社会治理，加强平安建设，持续提升人民群众的获得感、幸福感、安全感。

鸟瞰云幻乐东

乐东担当

制度集成创新

乐东将全面贯彻落实中央和海南省有关自贸港建设的政策，按照《海南自由贸易港建设总体方案》要求，切实把思想和行动统一到党中央、海南省委省政府决策部署上来，紧抓自贸港建设的历史机遇，紧紧围绕海南"三区一中心"战略定位和乐东"三区"发展定位，坚持对接国际高水平经贸规则，坚持把制度集成创新摆在突出位置，解放思想、敢闯敢试、大胆创新，以超常规的认识、举措、

行动和实效，扎实做好工作，确保乐东在自贸港建设中开好局、起好步。

扛起建设自贸港乐东担当

加快推进自贸港建设

充分调动方方面面的积极性，组织引导各行各业和广大群众立足各自领域、各自岗位实际，围绕加快推进自贸港建设的活动，积极投身自贸港建设。"十四五"期间，乐东将着力抓好乐东港通用码头项目，莺歌海港区口岸查验设施项目，加工园区建设项目，全球热带农业中心、动植

哈密瓜大棚

促进生产要素
自由便利流动

优化营商环境

发展旅游消费新业态

物种质资源引进中转基地乐东配套项目等自贸港重点项目。

按照《海南自由贸易港建设总体方案》要求，分步骤、分阶段实施贸易自由便利、投资自由便利、跨境资金流动自由便利、人员进出自由便利、运输来往自由便利和数据安全有序流动政策，有序推进开放进程，促进生产要素自由便利流动，争取形成早期收获，实现与全省共同封关运作。落实自贸港企业所得税、个人所得税优惠政策。

引进优质资本实现高质量发展

用足用好自贸港投资自由便利制度设计，引导外资投向旅游业、服务业、高新技术产业和热带特色高效农业等领域。采取"云招商"等创新方式，完善招商项目审查机制，从规划布局、用地标准、投资强度、税收、生态环保等方面把好项目准入关，把"行业领先、技术含量高、亩产效益好"和"更加注重引进外资"的要求落到实处。加强对世界 500 强等行业龙头企业的招商推介。积极对接粤港澳大湾区，建立产业合作新机制，创建产业合作园区。加快培养懂政策、会谈判、高效率的专业化招商队伍。力争"十四五"期间全县实际利用外资年均增长 10% 以上。

贯彻新发展理念，推动高质量发展，建设现代化经济体系。加快发展科技含量高、生态环保、有乐东特色的产业。围绕国际旅游消费中心建设，推动旅游和文化体育、医疗健康、购物消费等深度融合；大力发展邮轮游艇、夜间经济、海岛经济、"首店经济"等旅游消费新业态，加快推进全域旅游建设。大力发展现代服务业，吸引跨国企业、国内大企业集团到乐东设立区域总部，推动保税仓储、保税加工、大宗商品交易、进口商品展销、集装箱拆拼箱等业务发展，争取设立离岛免税购物点，推动设立本岛居民日用消费品免税购物点。加快推进农业产业化、现代化和对外开放合作，加快承接南繁育种基地、全球热带农业中心建设任务。

提升开放型经济发展水平

充分利用乐东区位优势，拓展开放领域，拓宽合作渠道，强化发展动能。落实自贸港以贸易投资便利和投资自由便利为重点的政策制度设计，加快服务业、农业、基础设施和社会事业等领域开放发展，建立重点企业跟踪制度，力争引进一批具有战略支撑的重大项目，推动全方位宽领域多层次开放，加快构建开放型经济体系。充分挖掘外商投资红利，发挥外资企业在提振经济、促进就业、技术进步、产业结构调整等方面的促进作用。推进莺歌海港区功能扩大，促进口岸开放，推进通用码头建设，发展临港产业经济，力争把莺歌海港区逐步打造成面向国内外市场的开放口岸。

加快农业等领域开放发展

发展临港产业经济

充分利用自贸港"零关税"、加工增值超过30%（含）的货物经"二线"进入内地免征进口关税政策，发展特色消费品和工业品贸易。结合莺歌海码头升级改造，建设集农副产品进出口加工、进口商品增值加工于一体的临港产业园区。抓好乐东热带农副产品进出口贸易，推进海鲜产品、农副产品、绿色产品等特色产品交易，探索引入差异化农作物、高端水果及花卉种植。以农产品交易和农业技术交流为核心，实施差异化发展战略，打造热带精致农业

"十四五"期间
全县进出口贸易量
年均增长 **12%**

生产、技术、商贸的国际交流平台。积极培育花卉园艺、火龙果、毛豆、菠萝等领域外向型出口龙头企业，支持建设海南国际花梨博物馆及涉农博物馆。力争"十四五"期间全县进出口贸易量年均增长 12%。

主动对接融入"大三亚"旅游经济圈

全力推动与"大三亚"地区交通基础设施互联互通，

完善区域快速交通网络，提升城际通达性。推进南繁产业深度融合发展，主动服务和融入国家重大战略，推动南繁科研成果在乐东就地转化。把握国际旅游消费中心建设机遇，加强区域旅游产业优势互补，完善旅游服务能力，承接"大三亚"高端产业溢出效应。将乐东港区融入三亚港一体化发展，积极推动产业经济深度融合发展，推动构建现代服务业一体化发展格局。

加强区域旅游产业
优势互补

乐东县城一角

附 录

《中国国家人文地理·乐东》文字资料提供者：

郭义中　黄　华　陈　平　吉　洪　林昌活　袁金华　陈运山
陈运平　周长征　容族新　蔡　宁　邢　越　刘志安　林　宝
吉高翔

《中国国家人文地理·乐东》图片资料提供者（按姓氏笔画排序）：

万丰攀　王　振　王国权　王昌国　白　和　邢　卫　邢　越
吉训言　吉其荣　吉承光　吉高翔　刘长伟　麦志宏　杨永富
吴兴雄　何书瑶　陈太书　陈昌毅　陈举旭　林　东　林　宝
林　敬　林文生　林芳华　林崇靖　罗　伟　周　锐　容族新
曾念权　蔡　宁　蔡运就　潘照庄

正文第98-99页、第112—113页和第162—163页图片由视
觉中国提供

责任编辑：周秀芳

执行编辑：张　娴

复　　审：卜庆华　陈书香

终　　审：陈　宇

整体设计：方　芳

设　　计：周怡君　风尚境界

地图编绘：封　宇　周怡君

信息图表：周怡君